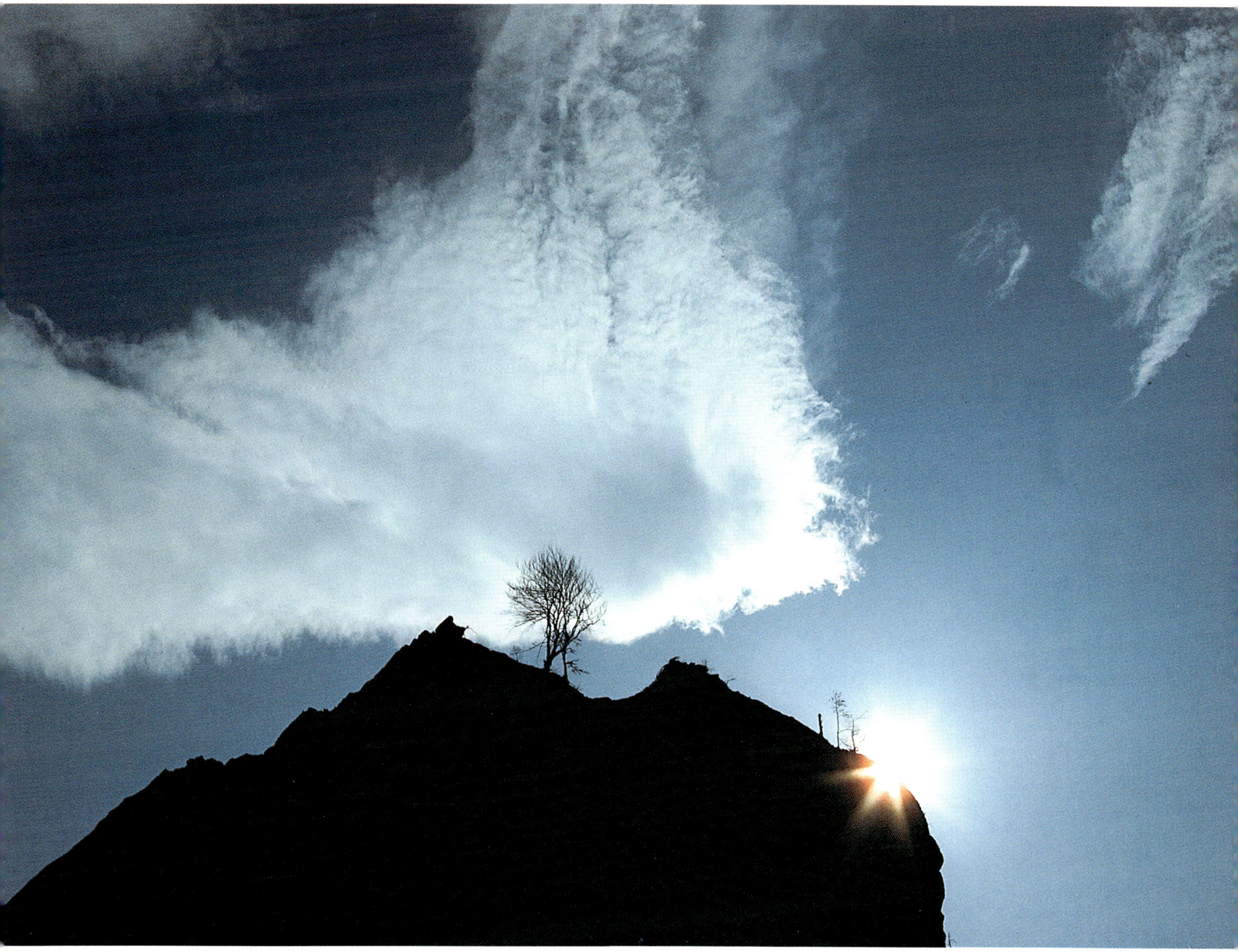

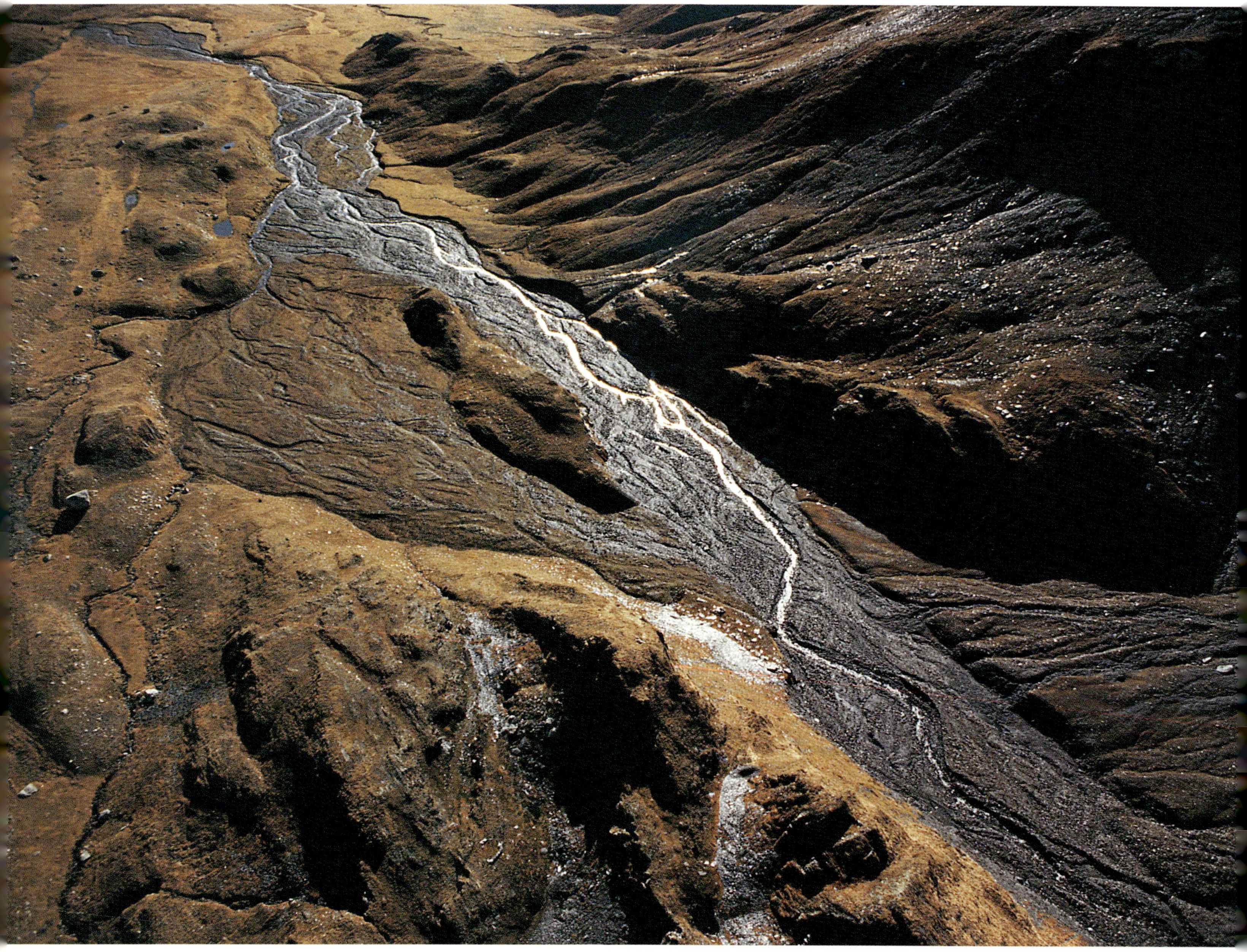

Eine Auswahl von Bündner Märchen und Sagen

Märchenhaftes

zusammengestellt und mit einem Vorwort versehen von Katharina Hess

Graubünden

und den Geschichten angepassten Fotografien von Romano Pedetti

Terra Grischuna

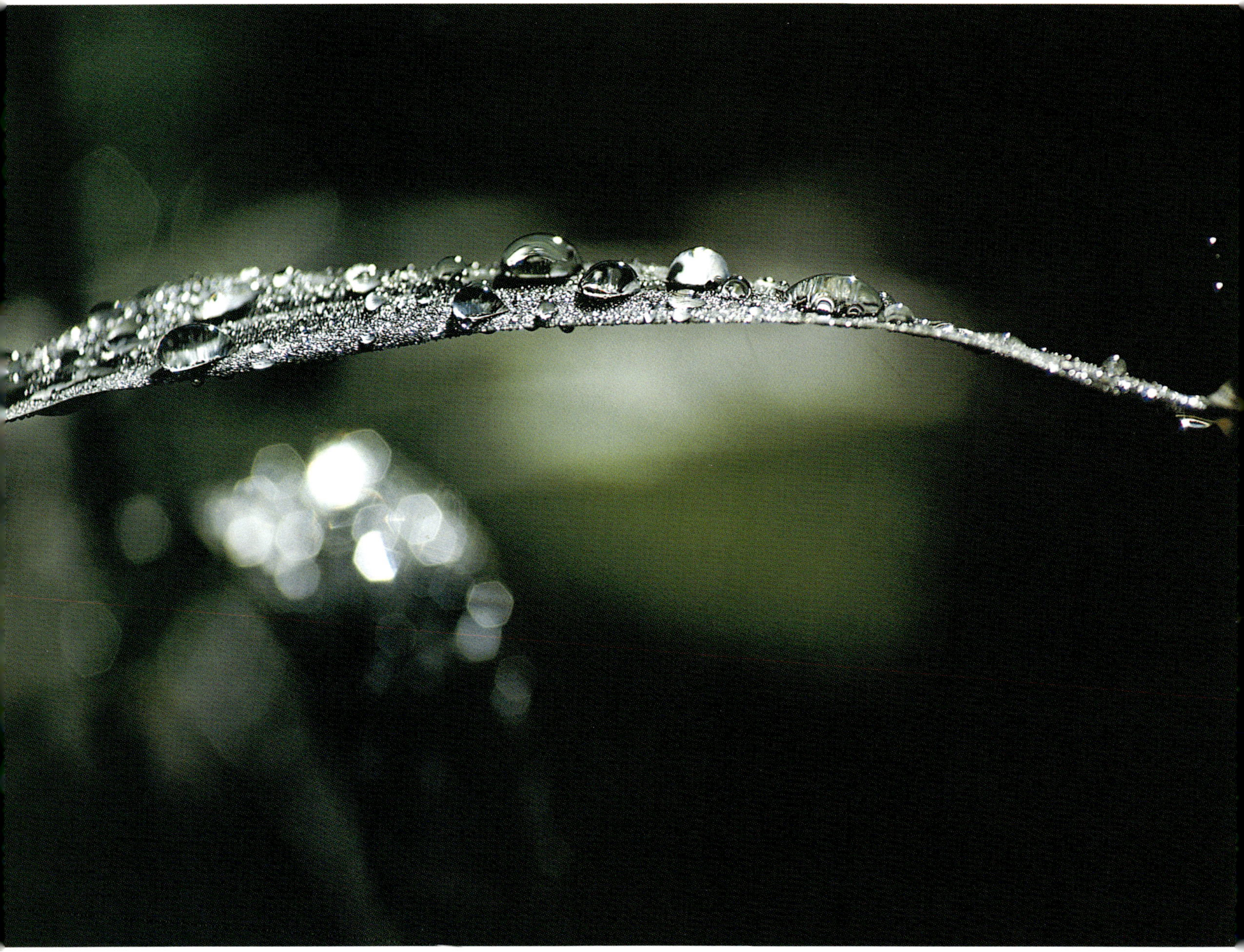

Inhalt

  6 Vorwort
 10 Die weisse Katze
 16 Die Adlerbraut
 20 Die Gemskäslein
 22 Die Kerze
 26 Die drei Winde
 30 Die Kirche im Gletscher
 32 Wie Vals und die Valser nebst den Lugnezern erschaffen worden sind
 34 Der Diener und der Zauberer
 38 Das Nachtvolk auf Obersaxen
 40 Der dankbare Frosch
 44 Der Mann und die Frau, die es auf Scharinas schneien liessen
 46 Das Messer im Bein
 48 Vom Vogel, der die Wahrheit sagt
 52 Der Teufelsstein
 54 Der verwunschene Prinz
 58 Der Schäfer von Ranasca und die verkleidete Schäferin
 60 Der Mann von Salischina
 62 Das Bergmännlein
 66 Das unheimliche Fänggenweibchen
 68 Das Ungeheuer im Lüscher-See
 70 Wie die Dialen aus dem Münstertale verschwunden sind
 72 Die Geschichte von den drei Hunden
 78 Der Herr und die Knechte
 82 Die Schanänn-Jungfrau
 84 Tredeschin
 92 Übelbelohnte Dienstfertigkeit
 94 Der Drache im Schwarzen Wald
102 Der weissagende Trentapes
104 Die weisse Kunst
106 Quellenverzeichnis
108 Bildbeschrieb

Vorwort

Meine erste Begegnung mit einem Bündner Märchen fällt in meine Primarschulzeit in Solothurn. In einem meiner Schullesebücher fand sich das Märchen von Tredeschin. Ich war fasziniert davon. Obwohl ich zwanzig Jahre später nach Graubünden kam, nahm ich die Beziehung zu den Märchen dieses Landes erst viel später wieder auf. Lange Zeit folgte ich den Spuren der Märchen fremder und ferner Völker, und als ich mich schliesslich den Bündner Märchen und Sagen zuwandte, war ich zuerst enttäuscht. Gemessen an den fantastischen Geschichten Norwegens, der spielerischen Eleganz französischer Märchen, den packenden Mythen von Urvölkern erschienen mir die Märchen Graubündens karg und wenig fantasievoll. Erst als ich mich tiefer in diese sagenartigen Geschichten vertiefte, erkannte ich ihren eigenartigen Reiz.

Ja, die Bündner Märchen sind im wahren Wortsinn eigenartig. Zwar finden sich in den rätoromanischen und deutschbündnerischen Märchen häufig dieselben Motive wie in den Märchengeschichten anderer Völker. Aber der Stil, die Erzählform und die äusseren Umstände weichen von denen anderer Märchen ab. Sie erst machen die Eigenart der Bündner Märchen aus. Diese sind geprägt von einem ausgesprochenen Realismus. Sie passen ihr Geschehen an die Menschen, die Örtlichkeiten und den Alltag ihrer Talschaften an. Hier erkennen wir eine Anlehnung an die Eigenart der Sagenwelt. So sind denn in Graubünden Märchen und Sagen auch weniger klar voneinander zu trennen als anderswo.

In den Bündner Märchen spielen Könige, Prinzen und Schlösser eine weniger bedeutende Rolle als in den Märchen anderer Kulturkreise. Unter den «Helden» treffen wir häufig Kaufleute an, Bauern, Hirten und Handwerker. Der König mischt sich gern unters Volk. Er wird nicht anders geschildert als die Menschen aus dem Dorf. Der «Held» gehorcht dem König nicht gern. In der rätoromanischen Variante des «Schneewittchens» fällt alles Königliche weg: Königin, Prinzessin, Schloss. Zum Vergleich wird nicht Ebenholz beigezogen, sondern Holzkohle. Der Rätoromane braucht als Vergleich das, was er kennt.

Nicht nur das Einbringen von Ortsnamen, Werkzeugen des Alltags und sogar Eigennamen, nicht nur die Profanierung des Königs sind Eigentümlichkeiten dieser Geschichten, sondern auch das «far cuortas», das sich kurz Fassen, durch das oft ein trockener Witz und Humor in die Märchen einfliesst.

Typisch bündnerische Sagenthemen sind der Kuhbauch (ein rollendes Ungeheuer mit Augen, das die Übeltäter plattwalzt); dann die Alpsagen mit ihren guten und bösen Geistern, die den Hirten in ihrer einsamen Zeit oben auf den Alpen begegnen. Ein typisches Motiv ist auch das der Wettermacher, die meist sehr mutwillig das Wetter beeinflussen, von dem der Bergbauer abhängig ist.

Im Kanton Graubünden gibt es – im Vergleich mit allen anderen Kantonen der Schweiz – am meisten Märchen und Sagen. Und innerhalb Graubündens stammen die meisten dieser Erzählungen

*In den Bündner Märchen und Sagen treffen wir häufig
Bauern, Hirten und Handwerker an.*

aus dem Vorderrheintal und seinen Nebentälern, sind also rätoromanischen Ursprungs. Eine Erklärung dafür ergibt sich aus der sprachlich-kulturellen Eigenständigkeit dieser Gebiete, die sich bis zum Beginn des ersten Weltkrieges erhalten hat. Eine weitere Erklärung liefert die geographische Lage an wichtigen Passübergängen. Diese waren nicht nur Handelswege, sondern dienten auch dem Austausch von Kulturgütern.

Märchen und Sagen enthalten einen tiefen Ernst, trotz unterhaltsamer, manchmal witziger Handlung. Sie berichten von bedeutsamen und unerklärlichen Dingen. Das Unheimliche und das Wunderbare bleiben äusserlich unerklärt. Ihre innere Wahrheit aber wird dem geduldigen und einfühlsamen Leser nicht verborgen bleiben. Sowohl Märchen als auch Sagen kommen bei fast allen Völkern vor. Sie entsprechen einem allgemein menschlichen, geistigen Bedürfnis.

Jede Auswahl von Texten bleibt ein Stück weit subjektiv. Aus einer reichen Fülle von Bündner Märchen und Sagen habe ich neunundzwanzig ausgewählt. Es ist mir dabei wichtig gewesen, die verschiedenen Gegenden und Talschaften des Kantons zu berücksichtigen. Trotzdem zeichnet sich auch in meiner Auswahl die überwältigende zahlenmässige Überlegenheit der Geschichten aus der Surselva ab. Ferner versuchte ich, mit meiner Auswahl viele und möglichst verschiedene Themen und Motive aufzuzeigen. Wo immer möglich, griff ich auf die ältesten verfügbaren Quellen zurück. Ich versuchte, möglichst nahe bei der ursprünglichen Ausdrucksweise zu bleiben. Einige Texte bestechen aber auch durch die gewandte und lebendige Sprache eines modernen Übersetzers.

Mit Begeisterung und Einfühlungsvermögen hat sich der Fotograf Romano Pedetti auf den Weg gemacht, auf unzählige Wege gemacht, um die Stimmungen, die äusseren und die inneren Bilder festzuhalten, die nun dieses Buch in schönster Weise bereichern. Viele der Fotos wirken wie Ergänzungen zu den Texten, andere untermalen im Bildhaften, was die Geschichten in Worten aussagen. Einige Bilder regen zum Nachdenken, zum Träumen an, andere wecken die Neugierde des Betrachters: Wie lautet wohl die Geschichte, deren Atmosphäre auf so gekonnten, so stimmungsvollen Bildern festgehalten wurde? Wer sowohl die Bilder betrachtet, als auch die Texte liest, wird feststellen, dass sie sich trefflich unterstützen und ergänzen.

Das Unheimliche und das Wunderbare bleiben äusserlich unerklärt.

Die weisse Katze

Es war ein König, und der hatte drei Söhne. Und einer war ein stolzer, einer war ein böser, und der dritte war ein schrecklich guter, ein viel zu guter, denn oft missbrauchten sie seine Güte.

Nun war der König alt geworden, hatte ein grosses Königreich und konnte kaum mehr herrschen. Da hat er gedacht: Ach, ich nehme einen meiner Söhne als Gehilfen und setze ihn neben mich auf den Thron. Aber, wenn ich den Ältesten nehme, der ist so stolz, dass er die Leute von oben herab behandelt und dadurch viele böse Ungerechtigkeiten begehen wird. Wenn ich den Zweiten nehme, der böse ist, wird er die Leute unterdrücken, und es wird noch schlimmer. Und wenn ich den Jüngsten nehme, so werden die beiden andern mir an den Kopf springen. Was soll ich tun?

Nun hat er lange nachgedacht. Und am Abend hat er sie zu sich gerufen und hat gesagt: Nun sei er alt und müsse einen Gehilfen haben und... «Mir gehört das Königreich», sagt er erste. Da sagt er: «Ach, dir? Du bist zu hochmütig!» – «Oh, ich habe Mut!» sagt der zweite. – «Du bist zu böse!» – Und der dritte sagte nichts. – «Und du?» – «Ach, ich würde gerne regieren, aber ich möchte, dass alle Leute glücklich wären!» – «Das habe ich von dir erwartet», sagt er. «Hört, ich gebe euch drei Jahre, drei Monate, drei Wochen, drei Tage und drei Stunden, und jener, der das aller-aller-allerfeinste Gewebe heimbringt, der soll mein Königreich haben.»

Und die drei sind damit zufrieden gewesen. Die beiden älteren haben gedacht: Ach, den Kleinen brauchen wir nicht zu fürchten! Kurz und gut, sie sind gegangen, der eine in dieser, der andere in jener Richtung. Der Jüngste ging gern auf die Jagd, und er war ein Guter, aber ein wenig leichtsinnig und liess die Welt Welt sein. Und er dachte: Oh, in drei Jahren und soviel Monaten und Wochen und Tagen und Stunden habe ich schon noch Zeit. Er durchstreifte alle Länder, ging ein wenig auf die Jagd, und abends kam er nach Hause zurück in seine Herberge, aber er dachte nicht ein bisschen an das, was er zu tun hatte.

Eines Abends nun ist er auf die Jagd gegangen und ist in einen Wald hineingegangen, und da ist ein schweres Unwetter gekommen, und es hat so stark zu regnen und zu blitzen begonnen, dass er den Weg verloren hat. Und er hat sich unter einen Baum gesetzt und hat zu schlafen begonnen. Er hat aber nicht lange schlafen können, da hat er die Wölfe heulen und die Füchse pfeifen gehört, und die Eulen riefen, so dass er keine Ruhe finden konnte. Und er hatte eine eigenartige Angst. Nun, er steht auf und sieht in der Ferne ein Licht. Da hat er gedacht: Nun geh ich diesem Licht entgegen. Und er ist diesem Licht entgegen gegangen, und je näher er zum Licht herankam, um so grösser wurde das Licht.

Und da, auf einmal befindet er sich vor dem grossen Tor eines Schlosses. Aber das Tor war geschlossen. Und er nimmt und klopft mit dem Türklopfer, da öffnet sich das Tor, und vier Hände kommen heraus. Aber nur vier Hände kommen heraus, und zwei Hände nehmen ihn an einer Schulter, und die andern beiden an der andern Schulter. Und sie führen ihn durch einen schönen grossen Flur und eine prächtige Treppe aus weissem Marmor hinauf und öffnen die Türe eines Saales. Und hinter der Tür dieses Saales brannte Feuer in einem offenen Kamin. Und neben dem Kamin war eine vollständige Ritterrüstung bereitgestellt. Und die Hände nehmen ihn und setzen ihn auf einen Stuhl und ziehen ihm die Kleider aus, trocknen ihn ab und nehmen seine nassen Kleider weg und kleiden ihn als Ritter. Alles das machen diese vier Hände, aber ohne ein Wort zu sprechen. Und wie er wieder vollständig gekleidet gewesen ist, haben sie ihn an den Schultern genommen und wieder hinuntergeführt und haben eine Türe geöffnet und sind in ein grosses Speisezimmer gekommen. Und da war für zwei Personen der Tisch gedeckt. Und sie haben ihn Platz nehmen lassen auf einem der Stühle, und ihm gegenüber lag auf einem Teller eine gebratene Maus. Aber er hörte nichts. Nur diese Hände waren zu sehen, nichts sonst, nur diese vier Hände. Und auf einmal öffnet sich die Tür, und eine grosse weisse Katze kommt herein. Aber sie ging nicht auf allen Vieren. Sie ging auf den Hinterbeinen und hatte die Grösse einer Frau. Und auf dem Haupt hatte sie einen schwarzen Schleier und eine Krone, und auf der Brust trug sie ein grosses blaues Band mit einem Orden. Und neben ihr standen als Wachen zwei grosse schwarze Kater. Einer trug ein blankes Schwert, und der andere trug das Ende ihres Schleiers.

*Und auf einmal öffnet sich die Tür,
und eine grosse weisse Katze kommt herein.*

Dann hat sie ihm die Reverenz erwiesen und hat gesagt: «Willkommen hier in meinem Schloss. Es freut mich, nach so vielen Jahren und Tagen einen Menschen begrüssen zu dürfen. Bitte, nehmen Sie Platz!» Er setzt sich nun, und auf einmal... Sie hat etwas gesagt zu den Katern, und beide gehen hinaus und bringen ein herrliches Essen herein. Sie aber musste ihre Maus essen.

Sie hat ihn dann gefragt, woher er komme und wer er sei und dieses und jenes. Zuerst hat er sich gefürchtet, aber die Katze war unterdessen so zutraulich geworden, dass er keine Angst mehr hatte. Da sagt sie: «Hm, wie er sage, gehe er gern auf die Jagd?» – «Ja!» – Ach, dann könne er morgen auf die Jagd gehen, er müsse nur da hinter das Schloss gehen, dort werde er ein Pferd vorfinden, ein hölzernes Pferd, wie es die Kinder zum Spielen brauchen. – Hm, hm! denkt er. Aber er setzt sich aufs Pferd. Kaum ist er auf das Pferd gesprungen, ist ihm eine ganze Schar von Händen nachgefolgt. Und eine trug seine Flinte und die andere seinen Rucksack, und wieder eine andere trug die Verpflegung. Und sie sind den ganzen Tag jagen gegangen. Am Abend sind sie nach Hause gekommen und hatten eine ausserordentlich gute Jagd gemacht.

So ist er denn dort geblieben, und die Zeit wurde ihm kurz, und er vergass vollkommen, was er zu tun hatte. Kurz und gut, eines Tages, als er aufgestanden ist, schaut er zufällig auf den Kalender und sieht, dass ihm nur noch drei Monate blieben, drei Monate, drei Wochen und drei Tage, bis er nach Hause zurückkehren sollte. Da hat er angefangen, den Kopf hängen zu lassen und ging nicht mehr auf die Jagd... Und sie hat ihn dann gefragt, was denn los sei, und was er habe. Da hat er gesagt: «Ja», und er habe ihr nicht alles erzählt: er sei ein Königssohn. Und dann hat er ihr gesagt, sein Vater habe ihm drei Jahre und drei Monate und drei Wochen und drei Tage und drei Stunden gegeben, damit er den aller-allerfeinsten Stoff heimbringe, und nun habe er nur mehr drei Monate, drei Wochen und drei Tage, und sein Land sei weit, weit weg von hier. Und bevor er nicht in sein Land zurückgekehrt sei, habe er keine Zeit mehr zum Jagen. «Ach», deswegen solle er sich keine Sorgen machen. Und sie hat jenen Händen gesagt... Und die Hände kommen mit einer Nuss. Und sie sagt, er solle die Nuss nehmen und sie öffnen. Kurz und gut, er nimmt die Nuss. – Aber er solle aufpassen, sagt sie, er dürfe die Nuss nur entzweibrechen und nicht knacken. – Und er nimmt die Nuss, und in der Nuss war ein Kirschkern. – Und diesen Kirschkern dürfe er auch nicht knacken, er müsse ihn nur aufdrehen, das sei so eingerichtet. – Er hat den Kern aufgedreht, und da ist ein Gewebe herausgekommen, so schön und glänzend wie die Sonne und feiner, viel feiner als ein Spinngewebe. Und der Kirschkern enthielt Meter und Meter und Meter des feinen Gewebes. Nun solle er dieses Gewebe heimbringen, sagt sie. Wenn er auch erst einen Tag vor dem festgesetzten Zeitpunkt gehe, sei es früh genug. Sie wolle schon dafür besorgt sein, dass er früh genug hinkomme. Nun, da er das Gewebe hatte, war er zufrieden, und er ist weiter dort geblieben.

Und am Abend, bevor er heimgegangen ist, hat sie gesagt, er solle morgen aufstehen und wieder sein Pferd, wieder das hölzerne Pferd besteigen und «Hopp, galopp!» sagen. Aber er solle sich ganz fest am Pferd halten und die Augen schliessen und aufpassen, denn es laufe so schnell, dass er herunterfallen könnte.

Richtig, er hat seine Nuss genommen und ist hinuntergegangen und... Her mit dem Pferd, und kaum hat er «Hopp, galopp!» gesagt, so habe das Pferd einen gewaltigen Sprung getan und sei über Berg und Tal und Ströme und Meere gelaufen. Und so schnell wie ein «Ja» und ein «Nein» sei er dann vor dem väterlichen Schloss gestanden.

Nun, seine Brüder waren auch zurückgekehrt. Der Vater ist zufrieden gewesen und hat den ersten kommen lassen. Und der erste ist mit einem Gewebe gekommen, und dieses Gewebe war so fein, dass er, ich weiss nicht wieviele Meter davon, auf der Handfläche halten konnte. Und er hat gesagt: «Nun gehört das Königreich mir!» – «Oh, warte!» Und der zweite hat eine Tabakdose aus der Tasche genommen, und aus dieser Tabakdose hat er unaufhörlich, unaufhörlich sein Gewebe herausgezogen. «Und du?» habe der König zum Jüngsten gesagt. Und der hat seine Nuss hervorgenommen, öffnet die beiden Schalen, holt den Kirschkern hervor und nimmt sein Gewebe heraus. Und der Vater sagt: «Ja, das muss man lassen, er hat den feinsten Stoff, das Königreich ist für ihn.» – «Nein, wir lassen es ihm nicht», haben sie gesagt, «mach noch eine Probe!» Da hat der Vater gesagt: «So will ich noch eine Probe machen, aber diesmal gebe ich euch nur drei Monate, drei Wochen, drei Tage und drei Stunden und nicht mehr drei Jahre. Und ihr müsst den kleinsten Hund herbeischaffen, den ihr auftreiben könnt.»

Nun sind sie wieder gegangen. Und der Jüngste hat sein Pferd genommen und ist wieder zum Schloss der weissen Katze zurückgeritten. Diesmal hat er ihr dann die ganze Sache erzählt. – Ach, deswegen solle er sich keine Sorgen machen, hat sie gesagt. Er ist wieder dort geblieben, ging auf die Jagd und liess die Welt Welt sein, bis der Tag gekommen ist, bis der Tag nähergerückt ist, da er wieder nach Hause zurückkehren musste. Und am Abend hat sie ihm eine Quaste gegeben, so eine Quaste, wie man sie an Kanapees findet. Und sie hat gesagt, er solle ein wenig hinhören. Da nimmt er die Quaste und hält

*Da ist ein schweres Unwetter
gekommen, und es hat
so stark zu regnen und
zu blitzen begonnen,
dass er den Weg verloren hat.*

sie an sein Ohr und horcht. Und da macht es «Hup, hup, hup!» aber nur ganz schwach. Und er hat die Quaste oben aufgedreht, und darauf sei ein Hund herausgehüpft. Und der Hund war so klein, dass er mit allen vier Pfoten auf seinem Daumen stehen konnte. «Nun gehst du», sagt sie, «nimmst wieder dein hölzernes Pferd und gehst.»

Und er ist wie das erste Mal wieder so schnell wie ein «Ja» und ein «Nein» nach Hause gekommen. Nun, der älteste Bruder ist mit einem Hund gekommen, der war so klein, dass er ihn in die Rocktasche stecken konnte. Und der zweite hatte einen so kleinen Hund, dass er ihn auf einem Buch springen lassen konnte. Unser Bursche nimmt seine Quaste heraus, dreht sie auf, und sein Hund hüpft einfach so auf seinem Daumen herum. Und da hat der König gesagt: «Ach, da ist nichts zu machen, da ist nichts zu machen, du bekommst das Königreich!» Aber die andern waren damit nicht zufrieden und haben gesagt: «Ach, ein Gewebe herbeischaffen können! Oh, einen kleinen Hund herbeibringen können! Das kann schliesslich ein jeder!» – «Warum habt ihr das denn nicht gekonnt?» sagt der König. «Aber diesmal ist's dann das letzte Mal», fügt er bei. – Da sagt der Älteste: «Diesmal aber lasst mich bestimmen, was wir herbeischaffen müssen. Diesmal gewinnt der, welcher die schönste Braut heimbringt! Das ist dann schwieriger als Gewebe und Hunde beizubringen.» Nun sind alle damit zufrieden gewesen, und sie sind wieder fortgezogen.

Der Jüngste hat auch wieder sein Pferd genommen und ist gegangen. Und diesmal hat er genügend Kleider mitgenommen. Und als er zurückgekommen ist zur weissen Katze, hat er gesagt, diesmal komme er, um zu bleiben. Diesmal, hat er gesagt, habe er nur drei Wochen, drei Tage und drei Stunden. Und diesmal... – Ja, warum er denn nicht mehr zurückkehren wolle, fragt sie. – Er kehre nicht mehr zurück. Wenn er zurückkehre, dann werde diesmal das Königreich einem seiner Brüder gegeben, und die Brüder werden alle Untertanen unterdrücken, und das werde ihm zusetzen, und er wolle lieber hier mit ihr in der Wüste bleiben. – Was er denn bringen müsse? – «Ach», sie könne nicht helfen. – «Oh», er solle es doch sagen! – Kurz und gut, sie musste in ihn dringen und in ihn dringen, bis er zuletzt gesagt hat: «Ich muss die schönste Braut heimbringen.» – «Oh, wenn es nur das ist!» meint sie. Und sie wendet sich an den schwarzen Kater und sagt: «Hast du das Schwert gut geschliffen?» – Da sagt der Kater: «Ja!» Und sie gibt dem Burschen das Schwert und sagt: «Nun musst du mir den Kopf abschlagen!» – Und er sagt, das tue er nicht. Sie habe ihm zu viel Gutes erwiesen, das mache er nicht, und einem Menschen, einem Tier etwas Böses zufügen, das könne er einfach nicht. – Aber sie hat ihn so sehr und so innig und herzlich gebeten, dass er schliesslich das Schwert genommen und ihr den Kopf abgeschlagen hat. Und wie er den Kopf abgehauen hat, sei im Schloss ein Jubel entstanden. Er aber habe, als er mit dem Schwert zugeschlagen hat, mit dem linken Arm die Augen bedeckt, damit er das Blut nicht fliessen sehe.

Als er wieder aufgeschaut hat, waren die Katze und der Kater verschwunden. Und auf einmal öffnet sich die Türe, und eine grosse schöne Jungfrau kommt herein, eine Krone auf dem Haupt. Und sie ist auf ihn zugegangen und hat gesagt, er solle sich keinen Kummer machen, er habe sie erlöst. Sie sei die weisse Katze. Und sie hat gesagt, vor Jahren habe sie eine Hexe verzaubert, sie und alle ihre Bedienten. Den Dienern habe sie die Körper weggenommen und ihnen nur die Hände gelassen, und sie habe sie in eine Katze verwandelt und die ersten Minister, die ihr zur Seite standen, habe sie in Kater verwandelt. Und nun habe er sie erlöst, und sie gebe ihm nicht nur ihre Hand, sondern auch ihr Königreich.

Und dann haben sie sich auf den Weg gemacht und sind rechtzeitig nach Hause gekommen. Und der jüngste der drei Prinzen hat die schönste Braut gehabt.

Die beiden Brüder aber wollten sich vor Wut grade töten. Da hat er gesagt, sie sollen, der eine seine Bosheit und der andere seinen Hochmut ablegen und das Königreich des Vaters unter sich aufteilen. Er habe, sagt er zum Schluss, nun das Königreich seiner Frau und brauche kein anderes Königreich mehr.

*Und er ist diesem Licht
entgegen gegangen,
und je näher er zum Licht
herankam, um so grösser
wurde das Licht.*

Die Adlerbraut

In einer grossen Stadt lebte ein armes Ehepaar, welches lang kinderlos blieb. Als ihnen der Herrgott ein Knäblein bescherte, sagte die Wehmutter, die gar gescheit war, man solle zum Paten für das Kindlein den ersten besten Reiter nehmen, der des Weges komme. Der Vater ging auf die Strasse, wartete den ersten Reiter ab und bat dann diesen zu Gevatter. Der Mann sagte zu, hob das Knäblein aus der Taufe und gab sich als König eines grossen Inselreiches zu erkennen Das Knäblein aber gefiel dem Herrn so gut, dass er einen grossen Haufen Goldes zurückliess mit dem Befehle, für das Kind gehörig zu sorgen, und wenn es achtzehn Jahre alt sei, es ihm zu Hofe zu schicken, wo es dann sein eigen Töchterlein zur Frau erhalten solle.

Die Eltern taten, wie ihnen geheissen, und als der Knabe achtzehn Jahre alt wurde, sandte ihn sein Vater zum königlichen Paten im grossen Inselreiche. An einer Quelle traf er mit einem hässlichen Zwerge zusammen, der den Jüngling mit dem Tode bedrohte, wenn er nicht tue, was er wolle. Das Patenkind des Königs musste sich fügen und das Versprechen ablegen, den Zwerg als den künftigen Gemahl der Inselprinzessin gelten zu lassen und sich selbst als Diener zu betrachten. So gelangten die zwei in das Inselreich, und der König war nicht wenig erstaunt, als er sein vermeintliches Patenkind sah mit dem wackeligen unförmlichen Kopf und den dünnen, schiefen Beinen. Auch der Königstochter gefiel der krummbeinige Bräutigam gar nicht gut, und sie hielt sich lieber an seinen schlanken und schönen Diener. Darob wurde der Zwerg eifersüchtig und verwünschte die Königstochter nach der Insel im Meere, wo ewiges Dunkel herrscht. Und dabei war er so boshaft, den Diener als den Zauberer zu bezeichnen, so dass dieser auf Befehl des Königs ins Gefängnis geworfen und zum Rade verurteilt werden sollte.

Da erschien in der Nacht vor der Hinrichtung des unglücklichen Jünglings ein ehrwürdiger Greis und gab ihm den Rat, als letzte Gnade drei mit Fleisch beladene Schiffe zu verlangen, womit er in die See stechen und die Königstochter suchen müsse. Das tat der Jüngling und schwur bei dem Höchsten, nicht zu rasten und nicht zu ruhen, bis er die Königstochter gefunden. Der fürstliche Vater gewährte ihm die Bitte.

Und der Jüngling fuhr hinaus in die wogende See und kam zuerst zur Insel der Bären, welchen er auf Verlangen eine Schiffsladung voll Fleisch gab. Den Bärenkönig aber fragte er nach der Insel ohne Licht; der konnte ihm aber keinen Bescheid geben, versicherte ihn indessen seiner Hilfe auf den ersten Pfiff hin. Auf der Insel der Leoparden hatte der Jüngling das gleiche Abenteuer, gab die zweite Schiffsladung, erhielt zwar keine Auskunft über die gesuchte Insel, wohl aber freudige Zusicherung der schnellsten Hilfe für den Notfall. Auf der Insel der Adler erging es ihm besser. Der Adlerkönig, dem er die dritte Schiffsladung mit Fleisch überreichte, war darüber hoch erfreut und verlieh dem Jüngling die Gabe, sich nach Belieben in einen Adler verwandeln zu dürfen, und was die Insel ohne Licht anbelangt, so erfuhr das Patenkind des Königs durch einen alten Adler, der dort einmal gewesen war, das Nähere; ja, der wackere Vogel bot sich ihm zum Begleiter an, was unser Freund gerne annahm.

So fuhren sie zusammen in die See hinaus und kamen zur lichtlosen Insel, wo sie landeten. Das erste, worauf sie stiessen, war eine alte Frau, die sieben weisse Mäuse um sich hatte. Diese frug der alte Adler nach dem Schlosse, wo die fremde verzauberte Fürstin weile, und das Weib gab bereitwillig Auskunft und sagte, sie wolle ihnen ihre Mäuse als Führerinnen mitgeben. Der alte Adler aber, der an Sonne gewöhnt, in dieser lichtlosen Luft nicht leben konnte, breitete die Fittiche aus und flog südwärts seiner glühenden Heimat entgegen. Die Mäuslein aber führten den Jüngling zu einer auf steilen Felsen liegenden Burg mit einem einzigen Fenster hoch oben unter dem Dache, aus welchem ein blasses, edles Antlitz hinaussah in die ewig dunkle Nacht. Der Jüngling verwandelte sich in einen Adler, flog hinauf in die Dachkammer und nahm zum Entzücken seiner schönen Freundin wieder seine Gestalt an. Und die Königstochter sagte ihm, er müsse noch, ehe er sie befreien könne, den Drachen töten, der sie bewache, der horste aber im dunkelsten Teile der Burg, zu dem viele, viele Stufen hinabführten. Der junge Mann zögerte nicht lange und stieg hinab, das gezückte Schwert in der Hand, bis zur Drachenhöhle, aus der das grimmige Scheusal kampfbereit hervorblickte. Der Jüngling

*An einer Quelle traf er mit einem hässlichen Zwerg zusammen,
der den Jüngling mit dem Tode bedrohte.*

führte sofort einen mächtigen Hieb mit seinem Schwert nach dem Drachen; aber am Schuppenpanzer des Lindwurms brach die Klinge wie ein leichter Stab, und unser Freund wäre verloren gewesen, hätte er sich nicht im entscheidenden Augenblick der versprochenen Hilfe der Tiere erinnert und den fernen Freunden gepfiffen.

Und kaum war der Schall verhallt, dass es von allen Seiten von Bären, Leoparden und Adlern lebendig wurde und der Drache nach verzweifelter Gegenwehr den vereinten Kräften der starken Tiere erlag. Im Jubel wurde nun die Königstochter auf die Schiffe gebracht, der Drache aber verbrannt und die Asche ins Meer geworfen. Und siehe, im nämlichen Augenblicke sah sich das Patenkind des Königs von einem zahlreichen und glänzenden Gefolge umringt – es waren die Bären, Leoparden und Adler, die durch das Verbrennen des Drachen wieder ihre Menschengestalt erhalten hatten.

Auf der Insel wurde es hell, und die Burg sank in Trümmer. Des Königs Patenkind und die Königstochter und alle die befreiten Ritter und Edlen schifften südwärts nach dem grossen Inselreiche, wo sie jubelnd empfangen wurden. Den betrügerischen Zwerg aber erreichte die schwere Hand des Königs, und er starb auf dem Rad.

*So fuhren sie zusammen in den See hinaus
und kamen zur lichtlosen Insel, wo sie landeten.*

Die Gemskäslein

Ein Fänggenmannli hauste in der Trokkenhöhle oberhalb Camana in Safien, wo es eine recht hübsche Gemsenkäserei sich eingerichtet hatte. Er besass zweihundert der schönsten Grattiere, die er selbst gezähmt, so dass sie morgens und abends von selbsten in die Höhle kamen und sich melken liessen.

Ein armes, einäugiges Knäblein des Tales, das die Ziegen hütete, fand in der Höhle bei schlechtem Wetter Zuflucht und Speise. Die Gemskäslein seien so süss, dass sie einem im Munde zergehen, sagte es einmal seinem Bruder. Dieser sagte, wie diese dann bereitet würden; dies sei das Geheimnis des wilden Mannlis, antwortete das Kind; es müsse immer, wenn das Käsen angehe, unter einen Haufen Heidekraut sich verkriechen, dann singe das Mannli: «Einäugelein, schlaf' ein»; wache es wieder auf, so sei das Käslein jedesmal fertig. Als der hinterlistige Bruder dies vernahm, zwang er das Knäblein, mit ihm die Kleider zu tauschen; darauf ging er in den Kleidern seines Bruders selbst in des wilden Mannlis Höhle und setzte sich aufs Heidekraut.

In der Höhle sah es recht sauber aus, grünes Heidekraut lag auf dem Boden ausgebreitet, ringsum auf einem Steingesimse standen kleine Gebsen aus Tannenholz, die mit Gemsmilch angefüllt waren; Kessel und Herd waren nirgends zu sehen.

Das wilde Mannli hielt den Buben für sein Einäugelein, liess ihn unter das Heidekraut, auf dem er im Winkel sass, kriechen und sang: «Einäugelein, schlaf' ein». Der hinterlistige Bube schloss das eine Auge zu und guckte mit dem andern unter dem Heidekraut hervor. Als aber das Mannli das mutwillige offene Auge gewahr wurde, geriet es in Zorn und warf die Gebsen und deren Inhalt dem Buben an den Kopf. Hierauf verliess es mit seinen Gemsen die Höhle auf immer.

Die Gemskäslein seien so süss, dass sie einem im Mund zergehen, sagte es einmal seinem Bruder.

Die Kerze

Es war einmal eine alte, blinde Menschenfresserin. Die hatte einen Knaben in den Ziegenstall eingesperrt und wollte ihn mästen, bis er fett würde. Jeden Morgen, wenn sie die Ziegen ins Freie liess, tastete sie deren Rücken ab, damit es dem Knaben nicht etwa gelinge, rittlings auf einer Ziege aus dem Stall herauszukommen. Der Knabe hat lange überlegt, wie er wohl entfliehen könnte, und eines Morgens hat er sich unter den Bauch der grössten Ziege gelegt und hat sich an ihrem langhaarigen Fell festgehalten.

Die blinde Alte hat lange über den Rücken der grossen Ziege streichen können, sie hat den Burschen nicht erwischt und hat die Ziege gehen lassen. Die grosse Ziege ist in den Wald gelaufen, und dort hat der Knabe sich von ihr freigemacht und ist in den Wald hineingeflohen.

Er ist lange kreuz und quer durch den Wald gestreift, bis es Abend geworden ist und er müde war und Hunger hatte. Da sieht er von weitem ein schönes helles Licht, und er ist diesem Licht nachgegangen. Der Bursche hat dann ein riesiges Haus gefunden und in dem Haus drei alte Frauen, die alle drei gleich gekleidet waren. Diese drei Frauen bat der Knabe, sie möchten ihn in ihren Dienst nehmen, und sie haben ihn gedungen. Die Frauen waren gut zu ihm, und er ist mehrere Jahre dort geblieben, bis er zu einem schönen Burschen herangewachsen war.

Die drei Alten, die alle drei im gleichen Bett schliefen und aus der gleichen Schüssel assen, gingen jede Nacht in einen grossen Keller hinunter, wo lauter Kerzen brannten. Die Alten löschten die Kerzen und zündeten sie wieder an. Der Bursche, der Streichhölzer hinunterbringen musste, hat einmal den Stummel einer noch brennenden Kerze in die Tasche gesteckt. Als er in seinem Zimmer oben gewesen ist, hat er die Kerze herausgenommen und hat sie wieder angezündet, und die Kerze hat gefragt: «Was willst du von mir?» – «Ich möchte, dass du mich in die Stadt in ein gutes Wirtshaus bringst und dass du mir Geld in die Tasche stecken würdest.»

Im Hui ist der Junge in einem prächtigen Gasthaus der Stadt gewesen, und er hatte die Taschen voller Geld. Wieder hat der Junge die Kerze hervorgezogen und angezündet. Die Kerze hat gefragt: «Was willst du?» – «Mach, dass die Tochter des Königs heute nacht zu mir kommt!» hat der Bursche geantwortet. Die Kerze hat gemacht, dass die Königstochter in jener Nacht zu ihm gekommen ist.

Als der König gehört hat, seine Tochter sei nachts draussen gewesen, hat er viele Knäuel Faden um seine Tochter winden lassen, damit er sehen könnte, wohin sie nachts gehe. Am Abend hat der Bursche die Kerze genommen, hat sie angezündet und gesagt: «Lass die Königstochter diese Nacht zu mir kommen und mach, dass die Fadenknäuel die ganze Stadt überziehen!» Die Kerze hat es so gemacht, wie es der Jüngling gewollt hat; die Königstochter ist in der Nacht zu ihm gekommen, und am andern Morgen war die Stadt derart mit Fäden überzogen, dass der König weder aus ihr heraus noch in sie hineingelangen konnte.

Erzürnt, weil er nicht darauf gekommen war, wohin seine Tochter nachts gehe, lässt der König alle Leute der Stadt versammeln, damit die Tochter jenen herausfinde, zu dem sie nachts gehen musste. Der Jüngling ist nicht zur Volksversammlung gegangen, und nachdem die Tochter sorgfältig herumgeschaut hatte, hat sie zum Vater gesagt, sie habe den Jüngling, zu dem sie nachts gehen müsse, einfach nicht entdeckt. Darauf hat der König ausrufen lassen, ob alle da seien. Auf diese Vorladung hin ist der Gastwirt, bei dem der Jüngling wohnte, vorgetreten und hat gesagt: «Ich habe einen Gast, aber der verlässt das Haus nie und kann nicht der sein, den Sie suchen.» Der König hat dem Gastwirt befohlen, mit seinem Gast zu erscheinen, und der Jüngling hat mit dem Wirt zur Versammlung kommen müssen. Sobald die Königstochter ihn gesehen hat, hat sie gerufen: «Genau der ist's, den wir suchen!»

Voll Gift und Galle lässt ihn der König ins Gefängnis werfen und an einen eisernen Ring ketten. Kaum aber war er im Gefängnis und an den eisernen Ring gekettet, hat er die Kerze angezündet, und diese hat ihn gefragt: «Was willst du?» Der Jüngling hat gesagt: «Ich möchte, dass ich frei werde vom Ring und vom Gefängnis und dass der König in so enge Bande gefesselt würde, dass ihn niemand befreien könnte.» Sogleich haben sich der Ring und die Gefängnistore geöffnet, und der Jüngling hat in sein Gasthaus zurückkehren können. Der König aber wurde in so enge Banden geschlagen, dass er kaum atmen konnte. Als der König gehört hat,

Wieder hat der Junge die Kerze hervorgezogen und angezündet.

dass der Jüngling aus dem Gefängnis befreit worden und wieder im Gasthaus sei, hat er ihn rufen lassen und hat zum Jüngling gesagt: «Du kannst mehr als nur Brot essen; wenn du mich aus diesen Banden befreist, geb ich dir meine Tochter.» Der Jüngling hat gesagt, das wolle er tun und ist wieder ins Gasthaus zurückgekehrt. Dort hat er die Kerze angezündet und gesagt: «Mach, dass der König aus den Banden befreit werde und dass ich seine Tochter heirate!»

Sofort ist der König frei gewesen von den Banden, und wenige Tage später hat der Jüngling mit der Königstochter fröhliche Hochzeit gefeiert.

Am Hochzeitsabend hat er die Kerze wieder angezündet. Diese hat gefragt: «Was willst du?» – «Sag uns, ob wir glücklich sein werden oder nicht!» hat er die Kerze gefragt. «Nein, das werdet ihr nicht sein», hat die Kerze geantwortet, «denn diese Nacht liegen dein Schwiegervater und deine Schwiegermutter unter eurem Bett, um euch zu töten.» Nun schaut der Bräutigam unter das Bett und erblickt da den König und die Königin! Er ergreift schnell das Schwert, das auf dem Tisch lag, und schlägt beiden den Kopf ab. Dann fragt er wieder die Kerze: «Werden meine Braut und ich glücklich sein?» Und die Kerze antwortet: «Ja! Aber jetzt dürftest du mich endlich niederbrennen lassen, ich habe dir ja auch das Leben gerettet.»

Und er hat in der Hochzeitsnacht die Kerze ganz abbrennen lassen.

*Er ist lange kreuz und quer durch den Wald gestreift,
bis es Abend geworden ist und er müde war und Hunger hatte.*

Die drei Winde

In einem kleinen Tal in unseren Bergen lebte eine gar arme Familie: Vater, Mutter, ein Haufen Kinder, aber wenig zu beissen und anzuziehen. Eines Abends stand die Mutter zornig vor der Tür und sah voll Neid hinüber auf das schöne Haus des Nachbarn. Da kam ein Herr mit einem grünen Frack, der hat zu der Frau gesagt: «Wenn ihr mir das geben wollt, was ihr unter der Schürze tragt, so gebe ich euch so viel Geld, wie ihr wollt.» Die Frau, die nicht gerade die gescheiteste war, glaubte, er meine die Kohlen, die sie gerade in der Schürze trug, und sagte ja. Als sie's ihrem Mann erzählte, hat der sich den Buckel voll gelacht über den Grünen. Nach einiger Zeit hat die Frau einen Buben zur Welt gebracht, und sie haben zu Paten gebeten einen alten Eremiten und die Herrin des Schlosses, das in der Nähe auf einem Felsen stand.

Am gleichen Abend aber ist der Grüne wieder gekommen, hat eine Börse voll Gold auf den Tisch geworfen und gesagt, in sieben Jahren komme er für den Buben, den die Mutter ihm versprochen habe. Da merkten die Alten, was es für eine Bewandtnis mit dem grünen Herrn hatte, und was gemeint war, als er das verlangte, was die Frau unter der Schürze trage. Sie sind zum Eremiten gelaufen und haben ihm weinend erzählt, was mit seinem Patenkind geschehen sei. Der aber hat ihnen guten Mut zugesprochen; sie sollten das Kind nur so erziehen, wie sich's gehöre und es nach fünf Jahren zu ihm bringen. Und wirklich, als der Knabe fünf Jahre alt war, haben ihn die Eltern dem Eremiten gebracht.

Mit grosser Sorgfalt hat der ihn gelehrt lesen, aus alten Büchern und in fremden Sprachen, und als die sieben Jahre erfüllt waren, hat er ihn geheissen an einen Kreuzweg gehen, sich dort niedersetzen und immerfort aus einem Buche lesen, das er ihm geben werde; er solle sich aber hüten, die Augen daraus zu erheben, möge geschehen, was Teufels geschehen wolle. Dann hat er ihm ein in Pergament gebundenes Buch gegeben, das war so alt wie Methusalem, und hat ihn an den Ort geführt, wo zwei Wege ein Kreuz bildeten. Der Knabe hat dort gelesen und gelesen und gelesen, in aller Treue, lange Zeit. Nach und nach aber hat sich ringsumher ein Getöse erhoben, von singen, spielen und tanzen, es war gerade, als ob das Hexenvolk vorüber striche. Da hat der Knabe einen Augenblick über das Buch hinausgesehen – sofort hat ihn ein gewaltiger Adler mit seinen Krallen gepackt. Glücklicherweise aber hat der Knabe das Buch in den Händen behalten und immer weiter darin gelesen. Da hat der Adler ihn fallen lassen müssen, und er ist – wahr und wahrhaftig – oben auf der Höhe des Julier zur Erde gekommen.

Dort hausten drei gute Feen in einem herrlichen Palast aus klarem Kristall. Die haben sich des Kleinen angenommen, und dort hat er schöne Tage verlebt. Zur Zeit, da ihm der Bart wuchs, hat er sich in die schönste von ihnen verliebt. Und auch sie liebte den schönen Jüngling; so sollte schon bald die Hochzeit sein. Vorher aber wollte er noch einmal seine alten Eltern besuchen, den Paten und die Patin. Mit Tränen hat er von seiner Braut Abschied genommen, und sie hat ihm einen Ring mit einem kostbaren Stein gegeben und gesagt: «Wenn du den Stein mir zukehrst, so muss ich kommen. Aber hüte dich um Gottes willen, mich ohne Not zu rufen.» Der Jüngling hat ihr gedankt und fest versprochen, er werde keinen Missbrauch damit treiben. Dann ist er im Hui zu den Seinen gekommen, er hat nicht gewusst wie.

Ihr könnt euch denken, wie gross die Freude der Eltern war, als sie ihren Sohn als schönen Jüngling wiedersahen. Auch seine Patin hatte grosse Freude, ja sie wollte ihm ihre schöne Tochter zur Braut geben. Da hat der Jüngling ihr ins Gesicht gelacht und hat gesagt, er habe eine viel schönere und er werde es ihr beweisen. Ohne an sein Versprechen zu denken, hat er den Ring gedreht, und da ist die Fee erschienen, aber sie war bleich wie eine Lilie, blickte finster und drohte ihm mit dem Finger. Am Ende aber haben sich die beiden auf den Weg gemacht zur Julierhöhe. In einem Gasthaus, wo sie über Nacht blieben, ist es der Fee gelungen, ihm während er schlief, den Ring abzuziehen, und zugleich ist sie verschwunden. Am Morgen sass er da in tiefer Betrübnis, denn nun hatte er weder die Braut noch den Ring.

Aber er hat sich bald ermannt und ist mutig wie er war, auf die Suche nach der Julierhöhe. Aber, oh weh! Alle, die er danach fragte, lachten ihm unter die Nase, und keiner wollte etwas von einem Julier wissen.

Eines Abends spät ist er in einen finsteren Wald gekommen, und müde wie er

*Dort hausten drei gute Feen
in einem herrlichen Palast
aus klarem Kristall.*

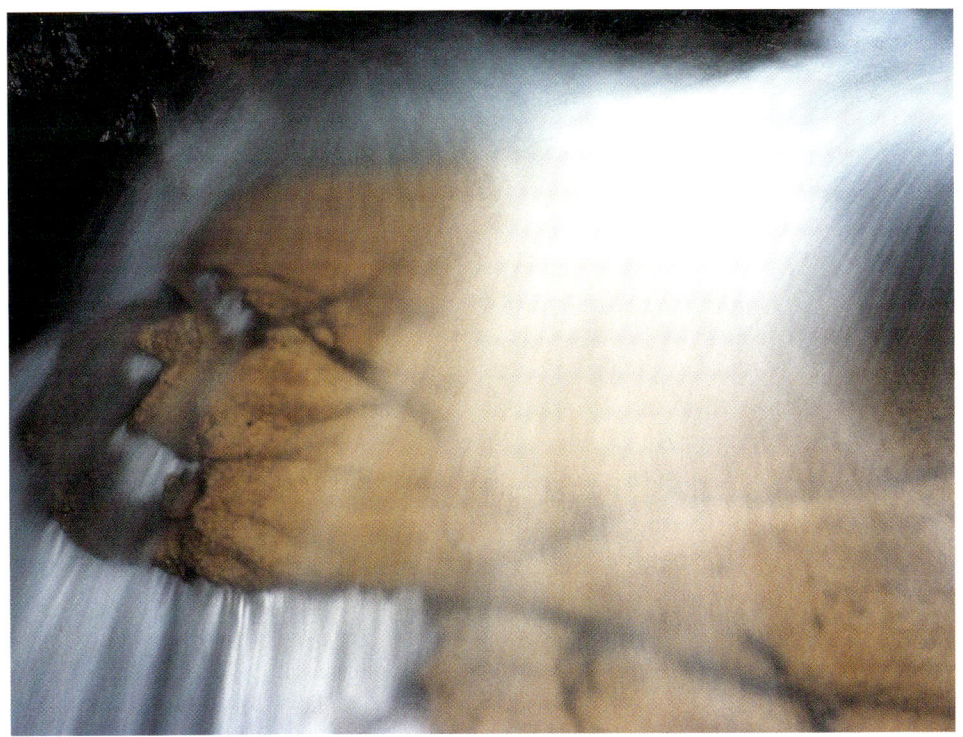

war, hat er sich auf einen Baumstumpf gesetzt und hat angefangen vor Kummer zu weinen. Da kam ein Mann dazu, der war alt wie Brot und Brei mit langem weissem Bart. Er hat gefragt: «Was weinst du, mein Knabe?» «O, ich suche den Julier, die drei Feen und den Kristallpalast.» Da hat der Alte geantwortet: «O weh, das ist sehr weit! Aber ich gebe dir hier ein Paar Pantoffeln, wenn du sie anziehst, so kommst du mit jedem Schritt drei Stunden weit. Ich selber bin der Unterwind.» Da hat der Alte angefangen zu blasen und hat ihn drei Stunden weit in den Wald hineingetragen. Dort stand neben einer Höhle ein Mann mit grauem Haar und grauem Bart, der war so alt wie die Steine. «Ich bin der Oberwind», hat er gesagt, «und ich weiss schon, warum du hier bist. Ich will dir helfen. Hier gebe ich dir eine Kappe, die dich unsichtbar macht.» Der Jüngling hat herzlich gedankt für die Wunderkappe, und der Alte hat geblasen, dass ihn der Oberwind drei Stunden weiter in den Wald getragen hat. Da stand ein Mann mit wirrem Haar und zerzaustem Bart, sonst aber von kräftiger Gestalt, ein strammer Geselle. «Das, was du suchst, ist dort oben über der steilen Felswand», hat er gesagt, «da hinauf kommt weder der Unter- noch der Oberwind. Ich aber bin der Föhn, und mein ist alle Macht in den Bergen. Nimm diesen Stab, und wenn du ihn drehst, bist du auf der Felswand.» Der andere hat den Rat befolgt, und kaum hatte er den Stab gedreht, so hat ihn der Föhn auf die Felswand hinaufgeblasen.

Jetzt war er auf der Julierhöhe. Aus dem Kristallschloss der Feen aber tönte ihm Gesang und Tanzmusik entgegen. Da hat er geschwind die Kappe aufgesetzt, die ihm der Oberwind gegeben hatte, und ist ins Schloss gegangen. Und was hat er gesehen? Seine Braut, die neben einem anderen an der Hochzeitstafel sass. Er hat sich unsichtbar hinter sie gestellt und hat ihr, nicht faul, alles vor der Nase weggegessen, was sie auf den Teller nahm. Das ist ihr doch unheimlich vorgekommen, und sie hat die Tafel verlassen und ist in ihre Kammer gelaufen, der andere hinterher. Als sie drinnen waren, hat er die Kappe abgenommen, und sie hat ihren früheren Bräutigam gesehen. Da ist die alte Liebe in ihr wieder erwacht. Sie sind in den Saal gegangen, und dort hat die Braut den Gästen folgende Frage vorgelegt: «Wenn jemand einen Schlüssel verliert, einen neuen machen lässt, und den alten dann wieder findet, welchen wird er in Zukunft brauchen?» «Den alten», haben die Gäste einstimmig geantwortet. Darauf hat sie ihnen die Geschichte erzählt, die ihr begegnet war, und nun nehme sie auch den alten Bräutigam wieder. Da gab es eine schöne Hochzeit, und ich habe dabei die Suppe aufgetragen. Dann aber haben sie mir einen Fusstritt gegeben, dass ich bis hierhergeflogen bin.

*Ich aber bin der Föhn,
und mein ist alle Macht in den Bergen.*

Die Kirche im Gletscher

Vom Piz Terri zum Piz Canal, unter dem Grat des Piz Güda und des Piz Ner hindurch, zieht sich ein gewaltiger Gletscher. Von diesem Gletscher wird folgendes erzählt:

Den Spuren einiger Gemsen folgend, stieg ein aus Vrin stammender Jäger, ein echter Bündner, der nicht Gott noch den Teufel fürchtete, eines Morgens auf den Gletscher des Piz Güda. Es war ein wunderschöner Herbstmorgen, man sah von einem Gipfel zum andern, wie wenn man in einen klaren Kristall blicken würde.

Auf einmal gab die Schneedecke unter den Füssen des Jägers nach, und er fiel in eine Gletscherspalte. Langsam, langsam kam er wieder zu sich. Wie tief er gestürzt war, wusste er nicht. Er versuchte, sich zu strecken, sich zu bewegen. Er fühlte sich steif, aber unverletzt. Bald war er wieder auf den Beinen. Dunkelheit umgab ihn in dieser Tiefe. In seinem Sack fand er einen Kerzenstummel, zum Glück. Er zündete ihn an und schaute sich um. Er lag auf einer Platte, auf einem Dach. Neben sich sah er die Spitze eines Turmes und darin ein Glöckchen. Es wurde ihm bewusst, dass er sich auf einem Kirchendach befand. Voller Neugierde, aber behutsam rutschte er vom Dach hinunter und fand die Türe der Kirche. Er ging hinein und sah den Altar und davor einige Leute auf den Knien. Sie schienen andächtig ins Gebet versunken zu sein. Er vernahm keinen Ton und gewahrte keine Bewegung. Nur aus weiter Ferne war das Rauschen und Tropfen des Wassers zu hören.

Der Jäger ging zu einem der Betenden hin und wollte ihm die Hand auf die Schulter legen und ihn fragen, was sie hier täten. Aber kaum hatte seine Hand die Gestalt berührt, da löste sie sich in Staub auf, und ein Todesgeruch verbreitete sich. Der Mann, der sonst keine Furcht kannte, fühlte sich eiskalt. Er verliess die Kirche und kletterte mühsam und unter vielen Strapazen aus der Gletscherspalte hinaus.

Er gelangte schliesslich nach Vanescha hinunter, es war schon fast Mitternacht. Seine Kameraden hatten um ihn zu fürchten begonnen. Sie waren noch wach. Er erzählte ihnen, was er gesehen hatte.

Schon am nächsten Morgen stiegen auch sie wieder hinauf zum Gletscher, um die vereiste Kirche zu suchen. Natürlich waren sie neugierig auf das, was da in der Tiefe des Gletschers versteckt sein könnte. Sie suchten und suchten, aber die Gletscherspalte fanden sie nicht mehr. Und die Kirche ist heute noch im Gletscher verborgen.

Und die Kirche ist heute noch im Gletscher verborgen.

Wie Vals und die Valser nebst den Lugnezern erschaffen worden sind

Wie der Liebgott, begleitet von St. Petrus, die rätischen Täler erschaffen hat, sei er an einem Tag nur bis nach Furth gekommen. Dann sei er müde geworden und habe zu St. Petrus gesagt: das sei doch ein mühsames Schaffen in hiesiger Gegend. Und St. Petrus, der beim Zugucken schon manches Mal gewünscht hatte, ein Gleiches tun zu dürfen, habe geantwortet: Wenn der Herr hier ein wenig ausruhen wollte, so könnte er doch ihn einmal ein Tälchen erschaffen lassen. Und der Liebgott hat seine Hand ausgestreckt gegen Mittag und gesagt: «So versuch es meinetwegen! Hier ist noch Platz genug und Stoff in Hülle und Fülle vorhanden! Aber tu's ganz allein!» St. Petrus machte sich mit Eifer und aller Kraft an die Arbeit, und als er damit fertig war, ist er zurückgekehrt und hat den Liebgott gebeten, er möchte sich das neue Tal doch auch ansehen. Und der Liebgott ist gegangen, und wie er vom Hinaufblicken zu den Gräten einen steifen Hals bekommen hatte, sagte er zu St. Petrus: «Du bist mit allem Stoff verschwenderisch umgegangen und hast mit deinen Bergen der Sonne viel vorenthalten. Und die Wasservorräte hast du über jeden Felsen geleitet. Aber es ist eben dein Tal und soll nach dir genannt werden, damit die Menschen, die hier wohnen müssen, mir keine Vorwürfe machen können. Und diese Menschen kannst du jetzt auch noch selber erschaffen. Ich mag nicht in das Tal hinein, es ist mir zu eng und zu wild. Geh du hinein und bringe mir dann ein Muster heraus!»

Und St. Petrus sei hinein gegangen und habe seine Arbeit gemacht, so gut er konnte. Und dann hat er einen Valser als Muster nach Furth heraus zum Liebgott gebracht, und der habe gesagt: «Ja, e kli menschenähnlich isch es. Für das wild, finschter Tal tuet's es.»

Als der Liebgott dann das Lugnez erschaffen hatte, überliess er St. Petrus die Erschaffung der Menschen auch für dieses Tal. Dieser wollte es nun besser machen als im Sankt-Peters-Tal und suchte lange nach einem weichen Stoff, der sich leicht formen liess. In einer Rüfe fand er Lehm und knetete ihn mit seinen groben Händen so stark, dass er ihm zwischen den Fingern hindurchquoll. Mit dem Rest formte er Menschen und stellte sie an die Sonne zum Trocknen. Aber etliche Male fielen sie ihm auseinander, und so wurde der Lehm immer knapper. Zuletzt kam St. Petrus auf den Gedanken, die vollendeten Gestalten in zerlassener Butter zu härten. Weil sie nicht gross waren – denn er hatte mit dem Lehm sparen müssen – konnte er das in einer weiten Pfanne tun. So wurden nun die Lugnezer, eher klein, dafür aber zäh und dauerhaft.

*Mit dem Rest formte er Menschen
und stellte sie an die Sonne zum Trocknen.*

Der Diener und der Zauberer

Es war einmal ein Vater, der hatte drei Söhne. Zwei waren klug, und einer war dumm. Der Vater hat allen dreien drei Batzen und jedem ein Brot gegeben und hat ihnen gesagt, sie sollen ausziehen, um zu verdienen. Sie zogen alle drei auf der gleichen Landstrasse dahin; als sie aber ein Stück weit gewesen sind, verzweigte sich die Strasse in drei Wege. Der Dumme ist auf der oberen Strasse weitergezogen, die beiden andern jeder auf einer der beiden übrigen Strassen.

Der Dumme ist durch einen Wald gegangen und ist einem Herrn begegnet, der gefragt hat, wohin er gehe. Der Bursche hat geantwortet, er gehe einen Dienst suchen. Darauf hat der Herr gesagt, er könne ihm schon einen Dienst verschaffen, aber er müsse sieben Jahre lang in seinem Dienst bleiben. Arbeit habe er keine andere, als jeden Tag einen Schrank voller Bücher zu reinigen und darauf zu achten, dass sich kein Staub auf die Bücher setze.

Der Jüngling hat sich verdingt, und der Herr hat ihn in sein Schloss geführt, wo er jeden Tag die Bücher abstauben musste. Der Herr ist sieben Jahre lang fortgeblieben, und als er zurückgekehrt ist, hat er dem Diener einen guten Lohn gegeben, und dieser hat sich nochmals für sieben Jahre verdingt. Diesmal aber hat er angefangen, selber die Bücher zu lesen, und da es Zauberbücher waren und sein Dienstherr ein Zauberer, hat er die Zauberei erlernt. Als die sieben Jahre herum gewesen sind, war er ein vollkommener Zauberer und ist nach Hause gegangen.

Nachdem er zuhause das verdiente Geld aufgebraucht hatte, hat er zu seinem Vater gesagt, er verwandle sich in ein Pferd, und sein Vater solle ihn auf den Markt führen und für das Pferd hunderttausend Gulden verlangen. Die Halfter aber dürfe er ja nicht mitverkaufen, ganz gleich, wieviel man ihm dafür anbiete. Da ist ein Herr gekommen und hat dem Vater hunderttausend Gulden für das Pferd geboten, und sie sind handelseinig geworden. Der Herr hat aber auch die Halfter kaufen wollen und hat für sie ebenso viel geboten, wie er für das Pferd bezahlt hatte. Da hat der Vater die Halfter ebenfalls verkauft.

Dieser Herr, welcher der Zauberer war, hat das Pferd genommen und ist mit ihm nach Hause gegangen und hat es in den Stall geführt. Am folgenden Tag ist der Herr mit einem Beil in den Stall gekommen, um das Pferd zu töten. Aber das Pferd hat sich in eine Taube verwandelt und ist zum Stallfenster hinausgeflogen. Der Herr aber hat sich in einen Habicht verwandelt und ist der Taube nachgeflogen. Der Habicht hätte die Taube beinahe erwischt, aber da hat sich diese in einen Fingerring verwandelt, der in den Schoss der Königstochter gefallen ist, die im Schlossgarten sass. Die Prinzessin hat den Ring genommen, und der Ring hat zu ihr gesagt, sie solle ihn auf den Tisch fallen und rollen lassen, wie er wolle.

Am andern Tag, während die Königstochter zu Mittag ass, hat sie den Ring auf den Tisch fallen lassen, und der Ring hat sich in ein Hirsekorn verwandelt, welches zu Boden gerollt ist und sich in

Aber das Pferd hat sich in eine Taube verwandelt und ist zum Stallfenster hinausgeflogen.

einen Leinsamen verwandelt hat. Dieser ist durch einen Spalt des Fussbodens hindurch und in den Keller hinuntergefallen, wo er sich in einen Fuchs verwandelt hat.

Die Königstochter hat ein Knäblein geboren. Der König hat darauf alle Bewohner des Schlosses gefragt, welche Strafe er dafür seiner Tochter auferlegen solle. Alle haben gesagt, er könne mit ihr machen, was er wolle. Da hat der König auf einer Insel ein Schloss bauen lassen, hat die Tochter und ihr Knäblein in dieses Schloss bringen und das Tor zumauern lassen. Der Fuchs aber brachte jeden Tag der Königstochter und beider Sohn das Essen zum Fenster herein.

Nach sieben Jahren befiel den König die Reue, und er hat sehen wollen, ob er die Gebeine der Tochter finde. Er ist auf die Insel gegangen und hat die Mauer herausbrechen lassen. Als er hinaufgekommen ist in die Stube, hat er die Tochter gesund und munter vorgefunden und bei ihr einen schönen siebenjährigen Knaben. Er hat grosse Freude gehabt und hat gefragt, wer sie ernährt habe. Die Tochter hat alles erzählt und hat dem Fuchs, der unterm Ofen lag, gesagt, er solle hervorkommen. Der Fuchs ist aufgestanden und ist im gleichen Augenblick ein grosser schöner Mann geworden. Der König hat nun alle drei mit sich ins Schloss genommen, wo alle ein schönes Leben geführt haben.

Da hat der König auf einer Insel ein Schloss bauen lassen.

Das Nachtvolk auf Obersaxen

Ein Bauer ging spät in der Nacht an dem zerfallenen Stalle, dessen Umgebung «Sand» genannt wird, eine halbe Stunde vom Meierhof entfernt, vorbei. Da hörte er ein Tönen, wie wenn man an metallene Gegenstände schlägt, und durch die Bäume gewahrte er einen lichten, roten Glanz, gewahrte auch geisterartige Gestalten um den Stall herumhüpfen; einige dieser Gestalten spielten mit goldenen Kugeln, die sie in den Händen hielten. Der Mann versteckte sich und sah lange dem Treiben zu. Jetzt vernahm er die schönste Musik, die er seiner Lebtage je gehört hatte, und alsbald fingen die Gestalten an zu tanzen; dann verstummte die Musik, und die Gesellschaft fing einen solchen Spektakel an, dass ihm Hören und Sehen vergingen. Wie er nun so da lag, und einer der umherspringenden nächtlichen Geister ihn entdeckte, wurde er von diesem ziemlich unsanft am Kragen gefasst und auf den Heimweg gewiesen.

Obgleich seiner Sinne kaum mächtig, konnte er noch bemerken, dass die Gestalten keine bestimmte Form hatten, aber dreikantige Köpfe trugen, mit feuersprühenden Augen, und dass ihre Stimme nur ein Krächzen war, keine menschliche Stimme. Er ging heim und lag über dem Schrecken mehrere Wochen krank.

Dieser Spuk wurde zur gleichen Zeit auch von andern Personen gesehen, die den gleichen Weg passierten.

Der Mann versteckte sich und sah lange dem Treiben zu.

Der dankbare Frosch

Vor Jahrhunderten lebte ein mächtiger König, der drei Söhne hatte. Da ist er einmal schwer krank geworden. Der Arzt hat erklärt, nichts könne den Kranken wieder gesund machen ausser dem Gesang eines Vogels, der sich im Land der Mohren befinde. Daraufhin hat der König dem ältesten seiner Söhne eine schöne Börse voller Geld gegeben und ihm befohlen, den Vogel herbeizuschaffen. Guten Mutes ist der Prinz gegangen, aber er ist nicht mehr zurückgekehrt.

Nach einigen Jahren ist der mittlere Bruder gegangen, aber auch auf seine Rückkehr haben sie vergeblich gewartet.

Da hat der jüngste Sohn eine Börse voller Dukaten und ein gutes Doppelschwert genommen und ist ausgezogen, um den Vogel zu suchen.

Nach einigen Tagen ist der Prinz in eine Stadt gekommen, wo er gesehen hat, wie die Leute einen Toten durch die Strassen schleppten. Nachdem er in einem Gasthaus abgestiegen war, hat der Königssohn sich erkundigt, warum sie diesen Toten durch die Strassen schleiften. Wer seine Schulden nicht bezahlen könne, hat der Wirt zur Antwort gegeben, der werde hier, wenn er sterbe, auf solche Weise durch die Strassen geschleppt. Der Prinz, der ein Herz wie Gold hatte, ist daraufhin zum König jener Stadt gegangen, hat die Schulden des Toten bezahlt und hat ihn begraben lassen, wie es sich gehört.

Als er am folgenden Morgen durch den Wald ging, hat der Prinz hinter sich rufen gehört: «Warte einen Augenblick! Warte!» Wie er zurückgeschaut hat, ist ein Frosch herbeigekommen, ist auf das Pferd gehüpft und hat gesagt: «Ich bin die Seele jenes Toten, den du hast begraben lassen und bin gekommen, um dir zu helfen. Handle nur, wie ich dir befehle, dann muss es dir gut gehen!»

Als sie im Land der Mohren angekommen waren, hat ihm der Frosch befohlen, nachts zum Turm zu gehen, in dem der König der Mohren den Vogel gefangen hielt und wo viele Wachen aufgestellt waren. Er solle dann an der Mauer emporklettern, den Vogel aus dem Käfig nehmen und wieder herunterklettern, aber ja darauf achten, nichts anderes zu nehmen als nur den Vogel. Am Abend hat sich der Prinz an den Turm herangemacht, und während der Nacht ist er in die Höhe geklettert, bis er hinaufgekommen ist zum Zimmer, in dem der von Wachen umringte Käfig stand. Aber die Soldaten, die auf Wache waren, schliefen, und der Jüngling hat den Vogel ohne Mühe aus dem Käfig nehmen können. Als er aber den schönen goldenen Käfig betrachtete, reute es ihn, das schöne Ding dazulassen, und entgegen dem Befehl des Frosches hat er versucht, den Käfig mitzunehmen.

Dabei sind die Soldaten erwacht, und sie haben ihn gepackt und als Dieb ins Gefängnis geführt. Im Gefängnis aber hat ihn der gute Frosch besucht. «Schau, wie es geht, wenn man seinen Kopf durchsetzen will und habgierig ist!» hat er gesagt. Da hat der Jüngling geweint und gejammert. Der Frosch aber hat ihn getröstet und gesagt: «Lass nun gut sein, ich will dir schon helfen! Der König wird dir morgen das Leben schenken, wenn du versprichst, ihm das Pferd eines seiner Nachbarkönige zu bringen. Und das kannst du ruhig versprechen. Tust du, was ich sage, so haben wir in kurzer Zeit das gewünschte Tier!»

Am andern Morgen hat der König den Jüngling zu sich kommen lassen und hat ihm die Freiheit und den Vogel versprochen, wenn er ihm den Schimmel seines Nachbarn bringe. Daraufhin ist der Prinz weggeritten, und er und sein Frosch sind sehr bald in die Stadt des Königs gekommen, der den prachtvollen Schimmel besass. Der Frosch hat den Jüngling wieder unterrichtet, wie er nachts vorzugehen habe, um das Pferd zu stehlen. Er hat ihn aber auch ermahnt, ja nichts anzufassen ausser dem Pferd. Ohne dass die Wachen etwas merkten, ist es dem Jüngling gelungen, in den Stall zu gelangen, wo das weisse Pferd war. Ohne die Wachen zu wecken, hatte er das Pferd bereits losgebunden, als er in einer Ecke eine sehr schöne Decke gesehen hat. Das wäre eine Decke für mein Pferd, hat er gedacht, und indem er den Frosch vergass, hat er die Decke angefasst. Daraufhin ist eine Schildwache erwacht und hat Alarm geschlagen, und der Prinz war wiederum ein Gefangener. Der Frosch hat ihn wieder im Gefängnis besucht und hat ihm Vorwürfe gemacht. Aber als er sah, wie sehr der Prinz das Schwert des Scharfrichters fürchtete, hat er gesagt: «Dieser König gibt dir die Freiheit, wenn du versprichst, ihm die schöne Prinzessin zu bringen, welche in der nächsten Stadt von zehn Drachen gehütet wird.» Am andern Morgen hat der Prinz, als er vor den

*Nach einigen Tagen ist der Prinz
in eine Stadt gekommen,
wo er gesehen hat, wie die Leute
einen Toten durch die Stadt schleppten.*

König geführt worden ist, alles erzählen müssen, wieso und warum er das weisse Pferd nehmen wollte. Als der König die Geschichte hörte, hat er gesagt: «Wenn du mir die schöne Prinzessin bringst, welche zehn Drachen in der nächsten Stadt hüten, dann sollst du den Schimmel haben.» – «Das will ich versuchen!» hat der Prinz geantwortet. Da hat man ihn frei gegeben.

Zusammen mit dem Frosch ist er noch am gleichen Abend zu einem uralten Schloss gekommen, in dem die schöne Prinzessin war. Mit Hilfe des guten Frosches ist es dem Prinzen gelungen, in der Nacht ins Schlafgemach der Prinzessin zu gelangen und, den Rat des guten Gefährten befolgend, hat er nichts ausser der Prinzessin genommen und ist glücklich mit ihr aus dem Schloss herausgekommen. Der Frosch hatte schon Kleider bereitgelegt für die Prinzessin, und sobald diese angezogen gewesen ist, sind sie zusammen weggaloppiert.

Unterwegs aber ist der Königssohn von grosser Liebe zur befreiten Prinzessin erfasst worden, und auch dieser hat der schöne Jüngling gefallen. Und indem sie ihm die Hälfte ihres Ringes als Pfand gegeben hat, hat die Prinzessin ihm die Treue versprochen.

Als sie in der Stadt des Königs angekommen sind, der das weisse Pferd hatte, hat dieser, sobald er die Prinzessin sah, dem Jüngling das Pferd gegeben. Dieser aber hat noch um die Gunst gebeten, auf dem Pferde die befreite Prinzessin küssen zu dürfen. Das hat ihm der König ohne Argwohn erlaubt. Aber als er die Prinzessin küsste, hat der Jüngling sie umarmt und auf das Pferd gezogen und hat dem Schimmel die Sporen gegeben, so dass sie samt der Prinzessin fast in die Luft geflogen sind.

Bald waren sie in der Stadt, wo der König mit dem Vogel wohnte. Voller Freude ob des schönen Schimmels hat dieser dem Prinzen den Käfig mit dem Vogel gegeben. Der Prinz aber hat, auf Geheiss des Frosches, die Bitte geäussert, noch einmal auf dem schönen weissen Pferd durch die Stadt reiten zu dürfen. Und anstatt zum König zurückzukehren, ist er nach Hause galoppiert.

Nachdem der Prinz auf diese Weise den Vogel erworben hatte, hat der Frosch von ihm Abschied genommen. Unterwegs aber hat er ihm noch den Rat gegeben: «Kaufe kein Fleisch vom Galgen!»

Als der Prinz auf dem Heimweg durch eine Stadt gekommen ist, hat er viel Volk um den Galgen herumstehen sehen, und wie er hinzugegangen ist, um zu schauen, was da los sei, hat er seine zwei Brüder gesehen, denen man den Strick um den Hals gelegt hatte. Er hat den Henkern befohlen zu warten, und als er gefragt hat, warum die beiden gehenkt würden, hat man geantwortet, das sei ein Gesindel, das gestohlen und betrogen habe. Mit einer grossen Geldsumme hat er schliesslich seine beiden Brüder losgekauft. Mit ihnen zusammen ist er weiter heimzu gereist.

In einem grossen dunklen Wald sind die beiden Brüder etwas zurückgeblieben, und als sie allein waren, hat der Teufel sie zu versuchen begonnen. «Was sagt der Vater, wenn wir nach Hause kommen und der jüngste Bruder erzählt, wie er uns gefunden hat?» hat der eine zu sagen begonnen. «Wir verlieren Krone und Ehre!» hat der andere gesagt. So hat ein Wort das andere gegeben, und die beiden sind übereingekommen, ihren guten Bruder aus dem Wege zu schaffen. Bald haben sie eine Gelegenheit dazu gefunden. Neben der Strasse war ein tiefer, tiefer Brunnenschacht, zu dem hin haben sie ihren Bruder gelockt. Und wie dieser in die Tiefe hinuntergeschaut hat, haben sie ihm einen Stoss gegeben, so dass er in die dunkle Zisterne hinuntergefallen ist. Die Prinzessin, die das alles gesehen hatte, jammerte und weinte. Die beiden aber haben ihr mit dem Tode gedroht, wenn sie nicht den Mund halte. Und so sind sie zu ihrem Vater, dem König gekommen. Sobald dieser den ersten Pfiff des Vogels gehört hat, ist er gesund gewesen und hat ein grosses Fest gegeben, das gleichzeitig auch zu Ehren der Prinzessin gefeiert werden sollte, mit der der älteste der Prinzen bald Hochzeit halten wollte.

Unser armer Kerl im Brunnenschacht unten war ohne Trost und konnte nichts als weinen und seufzen. Auf einmal ist der Frosch zu ihm gekommen. «Hatte ich nicht gesagt: 'Kauf kein Fleisch vom Galgen!'» rief er ihm zu. Der Frosch hat aber dem Unglücklichen auch ein Paar Stiefel gebracht, mit denen er in einem Schritt sieben Stunden Wegs machen konnte. Mit Hilfe dieser Stiefel ist er schnell nach Hause gekommen. Dort ist er in die Küche gegangen und hat bescheiden um irgendeine Arbeit gefragt. Der Koch, der ihn wegen des Schmutzes und Strassenkotes, welche Haar und Kleider bedeckten, nicht mehr erkannte, hat ihm erlaubt, Holz in die Küche zu tragen. Als der Koch für einen Augenblick weggegangen war, hat der Jüngling den halben Ring der Prinzessin in ein Küchlein gelegt, das für den königlichen Tisch bereitet war. Dieses Küchlein hat ausgerechnet die Prinzessin bekommen, und als sie den halben Ring gesehen hat, ist sie in die Küche geeilt und hat sogleich ihren Bräutigam erkannt. Der Frosch ist daraufhin mit den beiden in die Stube hinaufgegangen und hat vor dem König, den Prälaten und Herren die Geschichte des jungen Prinzen erzählt und gesagt, wie die Brüder mit ihm verfahren seien. Daraufhin hat der alte König dem jüngsten Prinzen die Krone gegeben, und am gleichen Abend hat die Hochzeit mit der Prinzessin stattgefunden. Die beiden bösen Brüder aber wurden von vier Pferden in Stücke gerissen.

*Zusammen mit dem Frosch
ist er noch am gleichen Abend
zu einem uralten Schloss gekommen,
in dem die schöne Prinzessin war.*

Der Mann und die Frau, die es auf Scharinas schneien liessen

In einem schlechten Jahr mussten die Alphirten öfters mit den Tieren auf die tiefer gelegenen Weiden hinunterziehen. Eines Tages kamen zwei Hirten mit ihren Tieren nach Surpaliz auf der gegenüberliegenden Seite von Selva. Sie hüteten da ihre Herde und beobachteten auf der anderen Seite auf Scharinas einen Mann und eine Frau in einem Bach. Diese wateten in dem Bach auf und ab und rührten im Wasser. Daraufhin sagte einer der Hirten zum andern: «Wir wollen nun gut schauen, was die beiden dort machen.»

Etwas später sahen sie, dass die beiden den Bach hinunterhüpften bis zum Zaun, der die Alpweide von den Wiesen abgrenzte. Der Mann sprang über den Zaun auf die Wiese hinaus und fiel hin. Die Frau stützte sich mit den Armen auf den Zaun und schaute lachend zu, wie der Mann aufstand. Dann rannte er die Wiese hinauf bis zu einer Maiensässhütte. Die Frau eilte dem Zaun entlang bis zu derselben Hütte. Nun standen beide nebeneinander vor der Hütte, und ihre Kleider wurden ganz weiss.

Am andern Tag hat es dann bis tief hinunter geschneit.

Anderntags hat es dann bis ins Tal hinunter geschneit.

Das Messer im Bein

Die Alpknechte haben untereinander immer gesagt, es seien Geister auf der Alp Rischuna; nach der Alpentladung kämen die toten Alpknechte, um «die verdreckte und gestohlene Milch» zu käsen. Ein Knecht, der das nicht glauben wollte, hat zu ihnen gesagt: «Ich will selber sehen, ob das wahr ist.»

Am Tag nach der Alpentladung ist er noch in der Hütte geblieben und am Abend auf die Gebsenlatten geklettert und hat sich auf den Bauch gelegt, um alles sehen zu können. In der Nacht hat sich die Hüttentüre geöffnet, und drei, vier schwarze Männer sind hereingekommen, haben angefangen, mit dem Geschirr zu hantieren, und haben die Türe zum Milchkeller aufgemacht. Einer hat rote, der andre weisse Milch herausgetragen. Und dann sagt einer: «Jetzt müssen wir Feuer machen.» Und er hat Späne gemacht zum Anfeuern. Und wie er fertig ist mit dem Spänemachen, kommt er herüber unter die Gebsenlatten und sagt: «Ich tue mein Messer hierher.» Anstatt das Messer in die Latte zu stecken, hat er es dem, der auf den Gebsenlatten zuschaute, in den Oberschenkel gesteckt.

Die schwarzen Männer haben dann die Milch gekäst und Käse gegessen am Tisch, bis es geläutet hat drunten in Vals. Dann ist der Knecht von den Gebsenlatten heruntergekommen mit dem Messer im Oberschenkel. Er wollte es herausziehen, aber er hat es nicht herausgebracht. So musste er nach Hause gehen, mit dem Messer im Bein. Kein Doktor konnte ihm helfen.

Kurz, dann hat ihm eine alte Frau gesagt, er müsse Geduld haben bis übers Jahr. Vielleicht, dass die Schwarzen noch einmal in die Hütte kommen würden, um zu käsen, und dann brauchten sie das Messer wieder, um Späne zu machen.

Im Herbst ist der Knecht nach Rischuna hinaufgegangen und ist auf die Gebsenlatten geklettert. Und wieder sind die schwarzen Männer in die Hütte gekommen und in den Keller gegangen, um Milch zu holen, haben angefeuert zum Käsen. Der gleiche wie im Jahr zuvor sagt: «Ich habe hier mein Messer vergessen, will sehen ob es noch in den Gebsenlatten steckt.»

Und er kommt und hat hinaufgelangt und das Messer dem auf den Gebsenlatten aus dem Oberschenkel gezogen. Das hat dem Knecht eine grosse Erleichterung gebracht, aber er hat ganz still bleiben müssen, bis es drunten in Vals Tag geläutet hat. Dann ist er von den Gebsenlatten heruntergekommen, befreit von dem Messer und von den Schmerzen. Man hat nachher keine Wunde mehr gesehen.

*Die Alpknechte haben
untereinander immer gesagt,
es seien Geister
auf der Alp Rischuna*

Vom Vogel, der die Wahrheit sagt

Eines Morgens hat ein Müller auf seinem Rade eine grosse und schwere Kiste gefunden. Er hat sie flugs geöffnet und darin lagen drei Kinder wie Wein und Milch, jedes mit einem goldenen Stern auf der Stirn, zwei Knaben und ein Mächen. Ganz übernommen vor Staunen hat er sie seiner Frau gebracht, und, da sie selbst keine Kinder hatten, haben sie sie wie eigene aufgezogen.

Als die drei Kinder aufgewachsen waren, hat der Müller ihnen die Wahrheit erzählt: sie seien nicht seine Kinder, und er wisse nicht, woher sie stammten. Seitdem haben die beiden Knaben nicht aufgehört, in den Müller zu dringen, er möchte ihnen doch eröffnen, wen sie nach ihrer Herkunft fragen könnten. Nach langem Zögern hat der Müller gesagt: «Das weiss nur der Vogel, der die Wahrheit sagt, und der ist irgendwo in einem Schlosse.» Jetzt hat es den jüngsten von den beiden nicht mehr gehalten, er hat schon am nächsten Morgen das schwarze Ross des Müllers gesattelt und ist auf und davon, den Vogel zu suchen, der die Wahrheit sagt, aber zurückgekehrt ist er nicht. Im nächsten Frühjahr hat sich der Ältere auch auf den Weg gemacht, den Vogel zu suchen und den verlorenen Bruder, aber auch von dem hat man nichts mehr gehört. Nun hielt es die Schwester, die den Namen Amalia führte, nicht mehr in der Mühle aus. Sie nahm das weisse Ross des Müllers und zog in die Welt hinaus auf der Suche nach dem Vogel, der die Wahrheit sagt, und nach den beiden Brüdern. Der Müller und die Müllerin haben geweint, bis sie ganz rote Augen bekamen, denn Amalia war schön und gut wie ein Engel.

Ohne Bangen und Zagen ist die Jungfrau in die Ebene hinaus geritten, bis sie in einen dunklen Wald kam. Da traf sie am Wege eine alte Frau, die hat gesagt: «Ich weiss schon: Du möchtest den Vogel finden, der die Wahrheit sagt, und deine Brüder. Willst du zu ihnen kommen, so achte wohl und blicke nie auf deinen Weg zurück, du magst hören, was Teufels es auch sei!» Die Jungfrau hat der Alten herzlich für den guten Rat gedankt, den sie wohl befolgen wolle. Dann ist sie weiter geritten. Plötzlich öffnete sich der Wald, und vor ihr lag ein dunkler, tiefer See. An seinem Ufer erhob sich ein hoher, steiler Berg, und auf seiner Spitze erblickte sie ein grosses Schloss. So schnell sie konnte, ist sie vom Ross gestiegen, hat dieses zurückgelassen und hat versucht, den Berg zu erklimmen. Hinter sich hörte sie immerfort rufen: «Amalia, Amalia!», und bald erhob sich ein entsetzliches Getöse. Sie aber hat sich nicht umgesehen und ist frisch den Berg hinaufgestiegen. Endlich stand sie vor einem herrlichen Schloss aus grünem Marmor, mit hohen Türmen und goldenen Dächern. Vor dem Tor aber drohte ein furchtbarer wilder Mann, der eine ganze Tanne in der Hand hielt; der bewachte den Eingang und liess niemand hinein. Amalia aber schlüpfte, geschwind wie ein Wiesel, dem Waldmenschen zwischen den Beinen durch und kam in's Schloss. Da waren überall Gemächer aus Silber, Gold und Edelsteinen. Im schönsten Gemach standen viele Kästchen an den Wänden, und in jedem

*Eines Morgens hat ein
Müller auf seinem Rade
eine grosse und
schwere Kiste gefunden.*

sass ein Vogel. Da gab es rote, weisse, gelbe, grüne, kurz von allen Farben. Als Amalia eintrat, riefen alle aus voller Kehle: «Ich bin der Vogel, der die Wahrheit sagt, nimm mich!» In einer Ecke aber war ein kleiner grauer Vogel, der hat gar nichts gesagt. Und gerade diesen hat Amalia genommen. Da wurde er sehr fröhlich und rief: «Ich durfte nicht verraten, dass ich der Vogel bin, der die Wahrheit sagt, du aber hast mich doch gefunden! Jetzt komm mit mir in den Rosengarten und nimm dort die Rute, die neben dem klaren Brunnen mitten im Garten liegt. Mit der schlägst du auf alle Steine, an denen wir vorbeikommen, wenn wir den Berg hinunter steigen.» Die Jungfrau hat die Rute genommen und hat mit dem Vogel den Weg eingeschlagen, der abwärts führte. Jeder Stein, den sie mit der Rute berührte, hat sich in einen Ritter oder in eine Jungfrau verwandelt. Auch Amalias Brüder kamen aus zwei Steinen hervor, und alsbald haben sie mit Tränen in den Augen die Schwester umarmt. Der Vogel aber hat ihnen gesungen, sie seien die Kinder eines Königs. Ihr böser Ohm habe sie, während der König im Kriege war, in die Kiste gesetzt und in einen Bach geworfen. Dem König aber habe er gesagt, die Königin habe drei Katzen zur Welt gebracht. Der habe dann voll Zorn die Königin ins Gefängnis werfen lassen.

Als die Brüder das hörten, packte sie ein gewaltiger Zorn gegen den bösen Ohm. Sie sind mit einem reichen Gefolge von Rittern und Jungfrauen in die Stadt des Königs gezogen, und dort hat der Vogel das Lied von den Königskindern gesungen. Den König hat vor Freude fast ein Schwindel erfasst. Er hat seine Kinder umarmt und hat die Königin aus dem Gefängnis holen lassen zu einem Festmahl. Den bösen Ohm-Zauberer aber haben zur Strafe für seinen Frevel vier Pferde zerrissen. Amalia ist eine feine zarte Königin geworden, die Brüder mutige und gute Könige. Das ist die Geschichte vom Vogel, der die Wahrheit sagt.

Plötzlich öffnete sich der Wald, und vor ihr lag ein dunkler, tiefer See.

Der Teufelsstein

Fünf Minuten hinter Surcasti findet sich unterhalb des Waldsträsschens ein grosses Stück Unterholz, «Gneida» genannt, und weiter unten ein riesiger Felsbrocken, der «Crap della Gneida». Als Knabe bin ich, beim Hüten der daheim gebliebenen Kühe, unzählige Male hinauf und hinunter geklettert. Auch den Geschichten hörte ich zu, die über diesen Stein erzählt wurden. Toni, der alte Pächter, erzählte:

Dieser Felsklotz lag früher ganz oben auf dem «Con della Ritta», einer Anhöhe über dem Wald von Tersnaus. Als die Leute von Tersnaus die Kapelle der heiligen Katharina bauten, wurde der Teufel wütend, und er wollte die Kapelle unter allen Umständen zerstören. Das Kreuz auf der Kapelle jagte dem Schwarzen aber grosse Angst ein. Eines Tages stieg er auf den «Con della Ritta» empor und riss einen riesigen Steinblock aus seinem Bett. Hei, was machte der Stein für Sprünge beim Hinunterrollen!

Der Teufel dachte: «Jetzt bricht die Kapelle zusammen!» In immer grösseren Überschlägen tanzte der Klotz bis oberhalb der Kapelle. Unmittelbar davor aber, an der Böschung einer schönen Wiese, machte er einen Sprung über die Kapelle hinaus und landete in den Erlen der «Gneida» von Surcasti. Durch den schrecklichen Aufschlag brach er auseinander. Ein Stück liegt immer noch da, versteckt in den Stauden, das andere stürzte in den Valserrhein.

Der Teufel geriet in rasende Wut darüber, dass der Stein nebendurch gegangen war, und begab sich hinunter zu dem Felsklotz und gestikulierte und fluchte – vergebens. Ausser sich vor Wut sprang der Böse auf den Fels und schrie: «Weil du das Ziel verfehlt hast, musst du mein Zeichen tragen für alle Ewigkeit!» Mit diesen Worten warf er sich rücklings auf den Stein und rammte Nacken und Rücken, Steissbein und Fersen so fest in den Fels, dass sich noch heute ein Mann bequem in die Vertiefungen legen kann; wo der Teufel sich mit dem Körper eingedrückt hat, sieht man die Einbuchtungen eines Mannes der auf dem Rücken liegt.

Aber die Gescheiten sagen heute, das seien Löcher, in denen die Heiden in alten Zeiten ihren Götzen Opfer gebracht hätten. Kann sein! Sicher weiss ich nur, dass heute die Heiden dort keine Opfer mehr bringen.

Dieser Fels lag vor vielen, vielen Jahren ganz oben am «Con della Rita», einer Anhöhe über dem Wald von Tersnaus.

Der verwunschene Prinz

Es war einmal ein Müller, der hatte drei Töchter. Die beiden ältesten waren hochmütig und böse, die jüngste aber bescheiden und lieb. Eines Tages wollte der Müller zu Markt gehen, und die beiden ältesten haben sich schöne Kleider gewünscht, die jüngste aber eine blühende Rose. Der Vater ist also fort und hat die Kleider für die Schwestern gekauft, eine blühende Rose aber hat er nicht bekommen können, war man doch mitten im härtesten Winter. Auf dem Heimweg durch den Schnee ist er plötzlich an ein grosses Schloss gekommen. Da haben sich die Pforten von selbst aufgetan. Er ist hineingegangen, und die Pforten haben sich hinter ihm wieder geschlossen. In allen Räumen herrschte tiefe Stille, und es sah so aus, als sei das Schloss nicht bewohnt. Er ist die Treppe hinaufgestiegen, da stand er plötzlich vor der Küche. Dort brannte ein schönes Feuer, und auf dem Herd sass eine grosse Katze, die war gerade beim Kaffemahlen. Sie sah ihn gross an, schien aber über sein Kommen erfreut. Als der Kaffee fertig war, hat sie miaut, und darauf kam eine ganze Horde von Katzen herbei, die setzten sich zum Kaffee. Der Müller wurde freundlich eingeladen, und man gab den Kaffee in feinen Tassen, dazu viel gute Sachen.

Nachher hat die grosse Katze den Müller in ein wunderschönes Zimmer geführt, wo er die ganze Nacht ruhig geschlafen hat. Am Morgen ist er in den Garten gegangen, und da war es statt Winter Frühling. Neben einer Quelle stand ein herrlicher Rosenstock, oben darauf die schönste Rose. Da freute sich der Müller, dass er nun den Wunsch der jüngsten Tochter erfüllen konnte. Er hat die Rose gebrochen, im gleichen Augenblick aber hat er eine Stimme gehört, die rief: «Lass das bleiben!» und eine gräuliche Schlange ist aus der Quelle hervorgekrochen. Sie hat sich gegen den Müller gewendet und hat gerufen: «Weil du mir die Rose gestohlen hast, musst du mir deine Tochter bringen, versprichst du das nicht, so stirbst du auf der Stelle!»

Was wollte er machen? Er zog tiefbetrübt nach Hause. Als er der jüngsten Tochter seine Gabe reichte, sprach er: «Liebe Tochter, diese Rose ist teuer bezahlt. Ich habe dafür versprechen müssen, dich einer gräulichen Schlange zu übergeben. Aber lieber will ich sterben, als mein Versprechen nicht halten.» Die zwei bösen Töchter sind nun sofort über die jüngste hergefahren: es geschehe ihr ganz recht, dass sie gestraft werde, sie müsse immer etwas Apartes haben. Hätte sie auch Kleider gewünscht, so hätte sie dem Vater all den Kummer ersparen können. Die Jüngste aber hat den Vater getröstet und sich bereit erklärt, ins Schloss zu gehen; die gräuliche Schlange werde ihr wohl nichts tun.

Und wirklich, sie ist gegangen. Die Katzen haben sie sehr freundlich empfangen und haben sie nach dem Nachtessen in ein wunderschönes Gemach geführt. In der Nacht hat sie bemerkt, wie sich irgend etwas ihrem Bette näherte, sie hat aber nicht gewagt, die Kerze anzuzünden. Genau so ging es in der zweiten Nacht. In der dritten hat sie Mut gefasst und die Kerze angezündet. Da stand ein wunderschöner Jüngling neben ihr. Er sei ein Prinz, hat er gesagt, den eine böse Hexe in eine Schlange verwandelt habe, nun sei er befreit. Aber die ganze Freiheit hatte er doch nicht erlangt, denn die Müllerstochter hatte beim Anzünden der Kerze einen Tropfen Wachs auf den Kopf des Prinzen fallen lassen, und dadurch hatte die Hexe noch nicht alle Macht über ihn verloren. Der Prinz hat sich zwar mit ihr verlobt, zugleich aber hat er gesagt, nun müsse sie in der Welt umherziehen, so lange, bis sie ein Paar eiserne Schuhe durchgelaufen habe. Bis dann werde sie ihn nicht mehr sehen. Dann ist er verschwunden und mit ihm zugleich das Schloss. Nichts war mehr da als ein Dornenstrauch und ein Paar eiserne Schuhe.

Sie hat sie angezogen und ist traurigen Herzens davon. Im Wald ist sie einem alten Weibe begegnet, das hat wissen wollen, warum sie eiserne Schuhe trage. Das Mädchen hat die Geschichte erzählt, da hat die Alte ihr geraten, sie solle doch die Schuhe in einen noch warmen Kuhfladen stellen, dann würden sie bald mürbe. Das Mädchen hat den Rat befolgt, und in wenigen Monaten waren die eisernen Schuhe durchgelaufen.

Als sie in eine grosse Stadt kam, ist sie ins Schloss des Königs und hat um Obdach für eine Nacht gebeten. Die Königin war eine sehr gute Frau und hat ihr eine Schlafkammer anweisen lassen. Dort hat die Müllerstochter einen Knaben zur Welt gebracht. Im gleichen Augenblick aber hat sich eine Stimme hören lassen, die hat die folgenden Worte gesprochen:

*Auf dem Heimweg durch den Schnee
ist er plötzlich an ein grosses Schloss gekommen.*

«Die goldene Ampel und der silberne Stab! Wenn das deine Grossmutter wüsste, sie steckte dich in goldene Windeln. Wenn die Hähne nicht krähten und die Glocken nicht läuteten, so käme ich zu dir!» Am nächsten Abend hat die gute Königin zwei Dienerinnen zu ihr geschickt, die bei ihr und dem Kinde wachen sollten. Um Mitternacht hat die gleiche Stimme die gleichen Worte gesprochen. Das schien der Königin doch sonderbar, und sie hat durchaus herausbringen wollen, was das bedeute. Sie hat allen Hähnen in der Stadt die Hälse umdrehen lassen und alle Glocken festmachen lassen und hat die Nacht selbst bei der jungen Mutter gewacht. Sobald die Stimme gesagt hat: «Wenn die Hähne nicht krähen und die Glocken nicht läuteten, so käme ich zu dir», hat sie geantwortet: «Die Hähne krähen nicht, und die Glocken läuten nicht, so komm' zu uns.» Und, o Wunder, ihr eigener Sohn ist bei ihnen gestanden. Das war der Prinz, den die Schlange verwandelt und das Mädchen erlöst hatte. So haben sie fröhlich Hochzeit gehalten.

Eine gräuliche Schlange ist aus der Quelle hervorgekrochen.

Der Schäfer von Ranasca und die verkleidete Schäferin

Zur Zeit, da unsere Schafe noch soviel Milch gegeben haben wie die Kühe und man sie alle drei Tage scheren konnte, lebte auf der Alp Ranasca ein Schäfer mit einer Herde von über siebentausend Schafen. Er vermochte nicht alle Arbeit allein zu bewältigen, und deshalb suchte er einen Hüterbuben. Auf dem Marsch ins Glarnerland traf er auf halbem Weg einen jungen Burschen von angenehmer Erscheinung. Dieser gefiel ihm, und deshalb frage er ihn: «Möchtest du nicht mein Hüterbub sein?»

«Ja gern», antwortete der schöne Jüngling, «und als Lohn verlange ich nichts anderes als den Respekt und die Achtung, die einem anständigen Menschen gebührt.»

Der Schäfer war damit zufrieden, und er nahm den Hüterbuben mit sich. Dieser gehorchte ihm und machte alles zu seiner grössten Zufriedenheit. Er ging auch ins Dorf hinunter und trug Salz und alles Lebensnotwendige für sie beide wieder hinauf. Noch nie hatte der Schäfer einen so angenehmen und lustigen Hüterbuben gehabt, und er freute sich, dass er den ganzen Sommer bis zur Alpabfahrt bei ihm bleiben wollte.

Ende September erschrak der Schäfer eines Nachts und hatte nicht wenig Angst, als er sah, dass der Hüterbub nicht mehr neben ihm lag. Er konnte die ganze Nacht kein Auge mehr schliessen. Gegen den Morgen, als der Tag erwachte, beobachtete er auf einmal, wie sein Hüterbub aus der Asche der Feuerstelle stieg, schön und glänzend wie der helle Tag. Er hatte den Körper und die Formen einer Frau, und seine langen Haare, die ihm über den Rücken hinab fielen, glänzten wie die Sonnenstrahlen.

Zwischen dem Schliessen und Öffnen der Augen war nicht Zeit, ein Amen zu sagen. So kurz dauerte diese Erscheinung. Neben dem Schäfer schlief friedlich der Hüterbub in Männerkleidern. Er beobachtete ihn jetzt genauer und stellte eine Ähnlichkeit fest mit der Erscheinung von vorher. Sehr vorsichtig hob er das Hemd des Jünglings hoch und sah einen Busen, weiss wie Schnee. In diesem Augenblick erwachte der Hüterbub, und die erste Frage des Schäfers war: «Gell, du liebliches Mädchen, du wirst jetzt meine geliebte Braut?»

«Nein, ich bin nicht deine Braut und werde sie nie werden.»

Der Schäfer wurde wütend und riss das liebliche Mädchen in seine Arme. Er sagte: «Ob du willst oder nicht, du musst!»

«Und ich will nicht, und ich muss nicht! Du aber musst zu Stein werden und Stein bleiben, jetzt und in Ewigkeit. Und Stein sollen ebenfalls deine siebentausend Schafe werden und die schönste Wiese von Ranasca zudecken!»

Der Schäfer verwandelte sich in einen Stein und die siebentausend Schafe in Steinplatten mitten in einer schönen Wiese. Und als die Fee den Weg davonging, den sie gekommen war, brüllte der grosse Stein und blökten die siebentausend Steinplatten. Sie aber schaute nicht mehr zurück und kehrte nie wieder.

*Und Stein sollen
auch deine sieben-
tausend Schafe werden
und die schönste Matte
von Ranasca bedecken!*

Der Mann von Salischina

Der Mann von Salischina lebte sommers und winters droben auf Salischina zusammen mit seiner Frau und seinen Kindern, zwei herzigen Zwillingsbüblein. Die beiden Kleinen spielten mit den schönen Bergblumen, Vater und Mutter sorgten gut für sie, und die Knäblein gediehen prächtig. Aber plötzlich wurden alle beide ganz matt und von Tag zu Tag bleicher – gerade als ob es ihnen an Nahrung gefehlt hätte. Darum fragte der Vater seine Kinder eines Tages, ob sie denn nicht satt würden vom gewohnten Napf voll Milch und Brot. Die Bübchen antworteten: «Milch haben wir genug, aber das Brot isst eine andere.»

Am nächsten Tag blieb der Vater während der Mahlzeit bei seinen Knaben. Da sah er, wie sich plötzlich eine Schlange unter einer Steinplatte hervorringelte, zwischen die beiden Brüderchen kroch und das Brot, Bissen um Bissen, aus dem Napf frass. Den Kindern aber liess sie nur ein wenig Milch übrig. Fett und rund war die Diebin, und stolz hob sie den Kopf mit dem schönen roten Kamm.

Erbost befahl der Vater den Buben, sich hinter dem Tisch zu verkriechen. Dann nahm er einen Stock und zerschmetterte der Schlange mit einem einzigen Hieb den Kopf. Ein schrecklicher Schrei ertönte – und mit der Schlange fielen auch die beiden Knaben tot zu Boden, einer diesseits und einer jenseits der Türschwelle. Gleichzeitig liess ein furchtbares Grollen den Boden erzittern, grad als ob die Welt einstürzen wollte. Gleich unterhalb des Hauses löste sich eine mächtige Rüfe und begrub die herrlichen Wiesen von Salischina unter sich.

Lange weinten und wehklagten die unglücklichen Eltern um ihre Kinder. Schliesslich aber trugen sie die beiden kleinen Leichen nach Vrin hinaus und beerdigten sie dort. Kurze Zeit darauf starb auch die Mutter vor Gram und Schmerz über den Verlust.

Der Vater indes kehrte heim nach Salischina und lebte dort viele Tage und Jahre wie ein richtiger Einsiedler. Wenn es in Vrin draussen zur Messe läutete, begab er sich auf einen Hügel unweit seines Hauses und betete da, auf einen Stein gekniet. Die Höhlungen, die seine Knie im Laufe der Jahre im Stein hinterlassen haben, sollen noch heute zu erkennen sein.

Nach Vrin hinaus aber ging der unglückliche Mann nie. Das missfiel jedoch dem Pfarrer sehr, und eines Tages liess er den Mann von Salischina wissen, dass ein wahrer Christenmensch am Sonntag zur Kirche kommen müsse. Der von Salischina gehorchte und kam am andern Sonntag zur Messe. Ganz allein setzte er sich in die vorderste Kirchenbank. Während der Messe, als der Priester eben die Hostie zur heiligen Wandlung emporhob, begann der Mann unvermittelt laut zu weinen, so dass die ganze Kirche nach ihm schaute. Am Schluss der Messe lachte er dann plötzlich laut heraus. Wiederum schaute alles auf den Mann.

Nach der Messe liess der Geistliche den Mann von Salischina in die Pfarrstube rufen und stellte ihn zur Rede. Warum er laut geweint und gelacht habe in der Kirche, wollte der Pfarrer wissen.

Der Mann antwortete: «Hochwürden, als Ihr eben die Hostie zur Wandlung emporgehobet hattet, sah ich, wie daraus Blut auf Eure Finger floss. Deshalb musste ich weinen. Weshalb ich dann später so gelacht habe? Am Schluss der Messe erschienen zwei Teufelchen hinter Euch auf dem Altar und schrieben auf eine mächtige Kuhhaut die Sünden der Kirchgänger. Als meine Bank an der Reihe war, war die Haut schon voll. Da begannen die Teufelchen aus Leibeskräften die Haut zu spannen und zu strecken, bis sie plötzlich zerriss und die beiden Teufelchen hintenüber purzelten. Da musste ich lachen. Habe ich damit Unrecht getan?»

Dem Pfarrer hatte es schon vorher einen Schauder über den Rücken gejagt, als der von Salischina in die Stube getreten war und ganz selbstverständlich seinen Hut aus Tannenzweigen an den Sonnenstrahlen aufgehängt hatte, welche durch den Fensterladen fielen. Darum sagte er jetzt ganz verzagt zum Mann von Salischina: «Ihr könnt wieder heimkehren nach Salischina hinauf und dort oben jenem dienen, dem Ihr bis jetzt gedient habt. Es wird damit schon seine Richtigkeit haben.»

Und der von Salischina ging wieder hinauf nach Salischina.

*Der Vater indes kehrte heim
nach Salischina und lebte dort viele Tage
und Jahre wie ein richtiger Einsiedler.*

Das Bergmännlein

In Untervaz lebte einmal ein gar armer Mann, der hatte ein Weib und fünf kleine Kinder zu ernähren und zu kleiden, aber das wenige Land, das sein war, vermochte nicht, die Dürftigkeit zu decken. Eine baufällige Hütte war seine Wohnung und eine einzige Geiss seine fahrende Habe.

Eines Abends kam aber die Geiss nicht von der Bergweide ins Dorf zurück. Wo sie geblieben, wusste der Hirte dem armen Manne nicht zu melden, versprach aber, am folgenden Tage eifrig nach ihr zu suchen und am Abend dann heimzutreiben, wenn nicht ein Lämmergeier mit gewaltigem Flügelschlag sie in die Schlucht gestürzt habe, um sie dann stückweise seinen Jungen ins Felsennest zu tragen.

Mit Sehnsucht harrte der arme Mann dem kommenden Abend entgegen, denn es brach ihm das Herz, dass seine Kinder keine Milch mehr haben sollten.

Der Abend kam, die Geiss aber nicht. Wie der Hirt auch nach ihr gesucht, hatte er sie nicht finden können. Die Kinder weinten; Vater und Mutter waren untröstlich über den Verlust.

Mit Tagesgrauen machte der arme Mann sich auf, nahm etwas Lebensmittel in die Tasche und stieg bergan, um selber die gute «Muttle» (Ziege ohne Hörner) zu suchen. Er durchging alle Gräte, suchte von Tobel zu Tobel, und so verging der Tag, ohne dass er das gute Tier gefunden hatte. In einer Alphütte erhielt er freundliche Aufnahme.

Auch am folgenden Tage war sein Suchen ohne Erfolg. Hungrig, durstig und todmüde legte er sich unter einen Felsvorsprung, um dort auszuruhen, bevor er den Heimweg antrete.

Wie er so dalag, kam es ganz schwer über seine Augenlider, und er schlief ein; und der Gott der Träume hielt einen Spiegel vor das Auge seiner Seele, worin er sah, wie ein Männlein, in ein weites, grünes Mäntelein gehüllt, auf dem Kopfe ein spitzes, rotes Käpplein, seine verlorene «Muttle» an der Hand führend, vor ihn her trat, wie aber die «Muttle» über und über mit Schneckenhäuslein und Muschelschalen behängt war, wie dann das Männlein ein Tüchlein aus Bergflachs vor ihm ausbreitete, ganz kleine Gemskäslein auf dasselbe legte und eine Kristallschale dazu stellte.

Durch ein melodisches Tönen und Klingen, das vorüberschwebte, wurde der Schlafende geweckt, und er richtete sich auf, rieb sich die Augen, blickte um sich und schaute alles, was als Traumbild vor seiner Seele gestanden: Da stand die Geiss leibhaftig und blickte mit glänzenden Augen freundlich ihn an, meckerte vor Freude und schüttelte sich, dass die Schneckenhäuser und Muschelschalen, mit denen sie behängt war, sich bewegten und einen sonderbaren Ton von sich gaben. Auch das schneeweisse, aus Bergflachs künstlich gewebte Tüchlein war da, auch die Käslein und die Kristallschale, angefüllt mit Gemsmilch.

Der arme Mann war ausser sich vor Freude, die gute «Muttle» wieder zu haben, freute sich auch über die Muscheln, die er dem Tiere abnehmen und den Kindern heimbringen wollte. Dann ergriff er die Schale, trank die Gemsmilch, ass nach Herzenslust von dem schönen Käslein auf dem Tüchlein und schickte sich an, zusammen mit der Geiss das heimatliche Dach zu gewinnen.

Da trat plötzlich das Männlein, das er im Traume gesehen, wirklich her, im grünen Mäntelein und roten, spitzen Hütchen; das sprach zu ihm: «Trage Sorge zu all dem, was die Geiss an sich trägt und was noch in den Haaren steckt, löse daheim alles ab, lasse es die Nacht über auf dem weissen Tüchlein auf dem Tische liegen. Am Morgen wäge alles, lasse es wohl schätzen dem Werte nach, verkaufe davon, was du willst, und halte dann die Spende gut und weise zu Rate. Das Tüchlein und die Schale bewahre aber auf und gib sie niemandem. Hast du dann ein schönes Heim und ein eigenes Maiensäss und ziehst du hinauf in dasselbe, dann breite alle Abende das Tüchlein auf ein Tischchen vor der Hütte und stelle die Schale mit frischem Rahm darauf. Hüte dich aber, nachzusehen, wer den Rahm trinkt. Tust du das genau so, wie ich dir sage, so wirst du stetsfort Segen und Glück haben.»

Mit diesen Worten verschwand das Männlein, geheimnisvoll, wie es gekommen war.

Als der Vater mit der Geiss heim kam, sprangen die Kinder ihm entgegen und hüpften vor Freude, dass die liebe «Muttle» wieder da sei.

Mit den Schneckenhäusern und Muschelschalen tat der Mann, wie ihm geheissen, und fand am Morgen statt derselben – Gold und Silber; die in den Haaren der Geiss gesteckt hatten, waren zu

*Mit Tagesgrauen machte der arme Mann sich auf,
nahm etwas Lebensmittel in die Tasche und stieg bergan...*

glänzenden Perlen und Edelsteinen geworden.

Da er aber mit solchen Sachen bis anhin in keinerlei Berührung gestanden hatte, liess er den greisen Joos Flury kommen, der schon in der Fremde gewesen war und der ihm den unermesslichen Wert seines Schatzes bedeutete. Von Gold und Silber hatte der Arme schon sagen gehört, aber von Perlen und Edelsteinen noch nie ein Wort vernommen.

Er ging nun mit Flury zu einem ehrlichen Goldhändler und zeigt ihm einige Stücke des Gottesgeschenkes. Der Händler fand das Mitgebrachte als reines Gold und Silber, kaufte den ganzen Schatz, und aus dem Erlöse konnte der Glückliche ein schönes Heimwesen kaufen, und Kühe und Geissen; aber die gute «Muttle», die ihm zum Glücke verholfen hatte, blieb ihm von allem doch das liebste.

Oben in den Bergen kaufte er das schöne Maiensäss Artaschiew, und dort erfüllte er getreulich das Gebot des Männleins.

Als die Leute sahen, wie der vorhin so arme Mann nun steinreich geworden und in allem, was er anfing, Glück hatte und seine Habschaft, von unsichtbarer Hand vor aller Gefahr beschützt, so trefflich gedieh, sagte einer zum andern: «Der steht in Gunst und Bund mit dem Bergmännlein».

Auch am folgenden Tage war sein Suchen ohne Erfolg.

Das unheimliche Fänggenweibchen

Am Hochwang, der mit seinen zerrissenen Felsrändern auf den jungen Rhein herniederblickt, liegt, in den Fichtenwäldern verloren, eine Waldwiese, die «Matasa» genannt, mit einem einsamen Gehöft.

Hier hauste ein Älpler einen Winter lang mit seiner Viehhabe, stundenweit entfernt vom nächsten Dorf. Da geschah es, dass von Zeit zu Zeit aus dem nahen Wald eine Fänggin kam. Der Mann liess sich das gefallen, obwohl ihm das Holzweibchen gar nicht gefiel. Sie hatte spitzige Zähne, grobes Flachshaar und auch sonst kein vertrauenerweckendes Aussehen. Der Mann aber fürchtete sich nicht; er hatte einen grossen Hund bei sich, auf dessen Schutz er zählen konnte. Das Holzweibchen schien das zu wissen, denn sie klagte beständig, der Hund mache ihr Angst, und er möchte das Tier doch anbinden. Er widerstand den Bitten beharrlich und entgegnete, er habe keinen Strick bei sich.

«Dem ist bald geholfen», rief die Holzmutter, griff nach ihrem Kopf und reichte dem Mann eines ihrer Haare, das beinahe so lang wie ein Pferdezügel war. Der Älpler nahm das Haar und trat mit dem Hund hinter den Ofen, band das Tier aber nicht an, sondern befahl ihm nur, im Versteck ruhig zu bleiben. Als der Mann wieder hinter dem Ofen hervorkam, sah er zu seinem Entsetzen, wie das wilde Wesen mit wieselartiger Behendigkeit an den Wänden hinauflief und bösartig die Zähne fletschte.

Plötzlich sprang das Fänggenweibchen mit bösem Gekreisch auf den Mann herab und griff mit ihren scharf bekrallten Fingern in mörderischer Absicht nach seiner Kehle. Der wehrte sich so gut es ging und rief seinen treuen Hund herbei. Der ging mit einem gewaltigen Sprung auf das Weibchen los, riss es seinem Herrn vom Leibe, und die wilde Jagd ging, das Holzweib voran und der Hund hinterdrein, zum Fenster hinaus und über die Wiesen hinunter in den Wald. Erst am andern Tag kam das Tier blutend und erschöpft in die Hütte zurück. Die unheimliche Fänggin aber ist nicht mehr gekommen. Es heisst, von da an sei die ganze Sippschaft aus dem Revier verschwunden.

Als der Älpler einige Tage später hinter dem Ofen nach dem seltsam langen Haare forschte, fand er eine währschafte Kette, die für jede Kuh stark genug gewesen wäre.

*Da geschah es,
dass von Zeit zu Zeit
aus dem nahen Wald
eine Fänggin kam.*

Das Ungeheuer im Lüscher-See

In einem kleinen Tälchen auf dem Heinzenbergergrate liegt der kleine Alpsee Lüsch; er ist von mit Heidekraut und Alpenrosen bekränzten Hügeln umgeben. Dieser kleine See ist in seiner lieblichen Umgebung ein Bild der Ruhe; vor einem nahen Ungewitter aber, noch ehe schwarze Wolken den Himmel rings umnachten – wenn der Föhn sich wilder erhebt und grausam pfeift, werfen die eigentümlich geformten Bodengestaltungen einen Wiederhall zurück, der fernem Brüllen ähnlich ist und weithin gehört wird.

Da sagen die Heinzenberger und Safier: «Der Lüschersee brüllt!» – hängen die Sense auf und tragen das Heu halb dürr in die Scheune.

Von ihm geht die Sage:

Zur Zeit, da die Hirten mit den stolzen Burgherren und Raubrittern um ihre Freiheit kämpften, weideten friedlich gesinnte Bauern ihre Kühe auf dem saftigen Rasen am kleinen Lüschersee und hatten ihre Freude am Treiben und harmlosen Ringen ihrer Herde.

Aber oben auf der Höhe stand ein Trupp Domleschger Burgherren, die von der Steinbockjagd kehrten; die schauten hernieder auf Hirten und Herde, und es kam ihnen in den Sinn, an denen ihren Schabernack auszuüben. Sie überfielen mit rohem Geschrei die wehrlosen Hirten, sprengten sogar mit Lanze und Schwert die armen Kühe in den See, und der verschlang bald und erbarmungslos die zum Tode verwundeten Opfer; die Bauern sahen mit Wehmut ihre Habe versinken; in ihr Wehklagen mischte sich das Hohngelächter der rohen Sippe.

Das ächzende Brüllen der Tiere war kaum verstummt, als plötzlich der See anfing, unruhig zu werden, die Wasserfläche seltsam und gewaltig sich zu bewegen begann, wild aufrauschte und aus dem weissen Schaum ein grauenerregendes Ungeheuer ans Ufer sich wälzte. Diese grässliche Erscheinung hatte die Gestalt eines ungeheuren Kuhbauches («Butatsch cun ilgs»), um und um dicht besetzt von grossen Augen, die unbeweglich alle auf nur einen Punkt gerichtet, ein entsetzenerregendes, Mark und Bein schmelzendes Feuer sprühten.

Von dem höllischen Blicke festgebannt, konnten die Frevler nicht entfliehen, und einer nach dem andern wurde von dem Ungeheuer, das sich auf sie zuwälzte, erdrückt. Die zu Tode erschrockenen Hirten aber blieben verschont und sahen, wie das Ungeheuer ans schaumbedeckte Ufer zurückrollte und in die tobenden Wellen des brüllenden See's sich senkte, die über ihm zusammenschlugen – und der See wieder ruhig wurde, wie er es zuvor gewesen.

Seit diesem Gottesgericht lebt die schauerliche Sage vom «Butatsch cun ilgs» im Munde des Heinzenberger Volkes fort, und alle hundert Jahre soll der See sein Ungetüm wieder geben in den Schrecken von zerstörenden Naturereignissen, welche die schöne, fruchtbare Halde verwüsten.

Grässliches verbarg die bodenlose Tiefe des Alpsees, «dessen Wasserfluten bis in die Mitte der Erdkugel reichen, wo ewige Feuermeere brennen.» Da stieg wieder einmal der rächende Geist, der «Butatsch», aus der brüllenden Flut, wälzte sich verderbenvoll die Halde hinab und grub dem rasenden «Nolla» tief, tief in die Abgründe der Erde sein Bette und verschwand.

Zum dritten Male, wieder nach hundert Jahren, stieg er aus dem Schosse der Erde, rollte in das sonst silberhelle Bächlein, das so friedlich dahin rauschte, die blühenden Auen bewässerte. Nun aber hatte der fürchterliche «Butatsch» in dasselbe sich gebettet und kugelte nicht nur das Rinnsal hinunter, sondern wurde dabei noch immer grösser und grösser und riss in seinem Laufe ein ungeheures Tobel auf. Das kleine unscheinbare Bächlein ward zum reissenden Bergbach, der das Tobel mit seinem dicken Schlamme, Steinen und Holzblöcken füllte und im Weiterlaufe auch in der Ebene, am Fusse des Abhanges, grossen Schaden anrichtete. Das geschah in grässlicher Gewitternacht.

Von dieser Schreckensnacht oder «starmentusa Notg» wird noch jetzt viel erzählt. Den Butatsch aber zu sehen, ist niemand willens, denn niemand will dem grausig leuchtenden Blick der tausend und tausend starren Augen beggenen, der das Blut gerinnen macht und die tiefste Ohnmacht bewirkt.

*Zur Zeit, da die Hirten mit den stolzen
Burgherren und Raubrittern
um ihre Freiheit kämpften, weideten
friedlich gesinnte Bauern ihre Kühe
auf dem saftigen Rasen am Lüschersee.*

Wie die Dialen aus dem Münstertale verschwunden sind

Ein Jüngling des Tales hatte an einem reizenden Dialenfräulein Gefallen gefunden, und er verfolgte sie mit dem Eifer eines Liebenden. Er war Hirt auf jener Alp Damunt. Nicht weit von der Sennhütte fanden sich, zwischen Alpenrosengebüsch und Felsblöcken verborgen, mehrere unergründlich tiefe Erdlöcher, in welchen die Dialen ihre Wohnsitze aufgeschlagen hatten.

Dort lauerte der verliebte Bursche oftmals an Sommerabenden, wenn der Vollmond von den Tirolerbergen heraufzog, auf seine angebetete Elfe, und jedesmal, wenn sie aus ihrer dunklen Behausung schlüpfte, entspann sich eine wilde Jagd über Stock und Stein, bergauf, bergab, manchmal die ganze Nacht hindurch bis zum Frührotleuchten. Die Gewandtheit des Dialenkindes, das der Volksglaube nicht vergebens mit Ziegenfüssen ausgestattet hat, trug jedoch immer den Sieg davon; es sprang über Klüfte und kletterte durch die Felsen wie eine Gemse.

Endlich gab die verfolgte Elfenjungfrau ihrem Verehrer in unzweideutiger Weise die Nutzlosigkeit seiner Bemühungen zu verstehen. Den Jüngling schmerzte diese Abweisung dermassen, dass sich seine Liebe in Hass verwandelte und er unablässig auf Rache sann.

Als er bald darauf von einem alten Manne über die sonderbare Abneigung der Dialen gegen das Katzengeschlecht erzählen hörte, richtete er seinen Racheplan danach ein. Er stieg ins Dorf hinunter, nahm dort einen alten, bissigen Kater, packte ihn in einen Sack und wanderte wieder den Bergen zu. Es war am späten Abend, als er Damunt erreichte und die Katze in eines der tiefen Erdlöcher der Dialenwohnung hinunterwarf. Vergnügt in dem Gedanken an den Schrecken, den er den Dialenmädchen bereitet, suchte der Schalk sein Nachtlager auf.

Am andern Morgen zogen die Dialen über die Berge, auf und davon. All ihr prächtiges Leinenzeug, ihre silbernen Geschirre und sonstigen Reichtum nahmen sie wohlweislich mit und liessen nichts zurück als die Katze in den veröderten Erdhöhlen. Noch lange nachher will man diese sogar im Tale drunten, in der Umgebung des Dorfes Cierfs, tief unter der Erde kläglich miauen gehört haben.

Man bedauerte den Abzug der Dialen, denn sie hatten sich immer als sehr menschenfreundliche und hilfsbereite Leutchen erwiesen.

*Dort lauerte der verliebte Bursche oftmals an Sommerabenden,
wenn der Vollmond von den Tirolerbergen heraufzog.*

Die Geschichte
von den drei Hunden

Es war ein Metzger, der hatte einen einzigen Sohn. Dieser war erwachsen und ging manchmal mit dem Vater auf den Viehmarkt. Der Vater kaufte Mastvieh und züchtete gelegentlich auch selbst solches. Der Bub war nun gross geworden, und da sagte der Vater zu ihm: «Nun kannst du einmal für mich auf den Markt gehen, du hast mich manches Mal begleitet und weisst, wie ich tu und handle und kennst dich in den Geschäften des Kaufes aus. Wenn ich alt werde, musst du das Haus übernehmen und musst daher etwas verstehen vom Viehhandel.» Er gab dem Sohn eine Geldsumme und sagte: «Kaufe einige Stücke Vieh zur Schlachtung und einige zur Mästung, damit wir sie dann später schlachten können.»

Der Jüngling machte sich auf dem Weg zum Markt. Da begegnete er auf der Strasse einem Manne mit einem Hund. Dieser Mann fragte ihn, wohin er gehe. Er gehe auf den Markt, meinte der Junge, er sei der Sohn eines Metzgers und müsse Vieh einkaufen. Da erkundigte sich der andere, ob er denn keinen Hund habe, er müsse doch einen Hund haben, er brauche doch jemand, der das Vieh antriebe. Er solle diesen Hund da kaufen. Der Jüngling aber meinte, sein Vater habe all die Jahre, da er Metzger sei, nie einen Hund besessen. Der Mann jedoch forderte ihn auf, den Hund, der ein ganz aussergewöhnlicher Hund sei und sein Glück bedeuten werde, abzukaufen. Er versicherte dem Jungen, dass das ein starker Hund sei, der Eisen und Stahl brechen könne und darum auch «Brich Eisen und Stahl» heisse. Der Hund war schön und hätte dem Jüngling gefallen, und er erkundigte sich nach dem Kaufpreis des Tieres. Da meinte der andere, der Hund sei ziemlich teuer, aber er werde sein Glück bedeuten und koste so und soviel, und dabei nannte er gerade die Summe, die ihm sein Vater für den Viehkauf mitgegeben hatte. Darauf meinte der Junge, ein solches Kapital könne er ihm nicht geben, er müsse Vieh kaufen, da sein Vater solches benötige und ihm das Geld nicht übergeben habe, um einen Hund zu kaufen. Der Alte aber drang so lange in ihn, bis er endlich beschloss, diesen Hund zu kaufen, weil er ihm Glück bringen sollte. So nahm er seinen Hund und ging nach Hause. Wie er ankam, sagte sein Vater: «Wieso kehrst du schon zurück und dazu noch mit einem Hund?» Und der Sohn erklärte, es sei ihm so und so ergangen, er sei einem Mann begegnet, der ihn aufgefordert habe, diesen Hund zu kaufen, weil er unbedingt einen Hund zum Antreiben brauche. Und er habe den Hund gekauft. Wieviel er denn bezahlt habe für das Tier, fragte der Vater. Da eröffnete der Junge, er habe dem andern grad das Geld gegeben, wofür er hätte Vieh einkaufen sollen. Da wurde der Vater zornig und sagte: er sei doch ein Dummkopf, ein solches Kapital zu geben für einen Hund. Er, sein Vater, sei nun so viele Jahre Metzger gewesen und hätte es immer ohne Hund geschafft. Doch, nun sei der Hund da, aber solche Schnitzer solle er keine mehr machen.

Nach einigen Tagen war wiederum Viehmarkt. Der Vater meinte, nun könne der Bub nochmals auf den Markt gehen,

*Der Hund war schön
und hätte dem Jüngling
gefallen, er erkundigte sich
nach dem Kaufpreis
des Tieres.*

um Vieh zu kaufen. Diesmal solle er nun schön gemästetes Schlachtvieh erstehen, da er das letzte Mal keines heimgebracht habe. Und er gab ihm etwas mehr Geld. Der Bursche machte sich auf den Weg und begegnete wiederum dem gleichen Mann, mit einem andern Hund. Der Fremde fragte ihn wieder, wohin er gehe, und der andere antwortete, er müsse auf den Markt, um Vieh einzukaufen. Da erkundigte sich der andere, wo er denn den Hund habe. Den habe er zuhause gelassen, erwiderte der Junge. Ja, meinte darauf der Alte, dann solle er diesen zweiten Hund kaufen, der sei noch besser als der erste. Jenen solle er seinem Vater geben, diesen aber unbedingt für sich erstehen, dieser sei sein Glück. Der Bursche wehrte sich und erklärte dem andern, sein Vater sei schon böse geworden, weil er den andern Hund gekauft habe, nun kaufe er keinen mehr. Immer wieder beharrte der Alte auf seiner Bitte und meinte, das sei ein Glückshund. Der andere aber entgegnete, er müsse Vieh einkaufen gehen. Schliesslich erkundigte er sich doch noch, was der Hund denn koste. Ja, der sei teurer als der erste, erhielt er zur Antwort, der sei schnell wie der Wind und heisse auch «Geschwind wie der Wind», und der Alte nannte wiederum die Summe, die der Jüngling von seinem Vater für den Ankauf des Viehs erhalten hatte. Da wehrte er sich und meinte, soviel könne er niemals ausgeben, er müsse unbedingt das Vieh kaufen, und er wollte seines Weges gehen. Der Alte aber drang wiederum so sehr in ihn und hielt ihn fest, bis er auch diesen Hund abkaufte. Und der Verkäufer meinte, dieser Hund koste keinen Unterhalt, sie sollten ihm die Abfälle geben, die sie sonst nicht verwerten könnten. Und so liess er ihn nicht los, bis er den Hund erstanden hatte. Der Jüngling machte sich mit seinem Hund auf den Heimweg. Er hatte ein schlechtes Gewissen und dachte: Wenn du heimkommst, wird dir dein Vater schon heimzahlen für das Hundekaufen. Zuhause angekommen, schimpfte sein Vater, dass er schon wieder ohne Vieh, aber mit einem Hund heimkehre. Da erzählte der Sohn wiederum, wie es ihm ergangen war. Es sei wieder jener Mann gekommen und habe ihn gezwungen, den Hund abzukaufen, mit der Begründung, dieser Hund sei sein Glück und sei schnell wie der Wind.

Schliesslich rückte er dritte Markttag heran. Wiederum gab der Vater seinem Buben Geld, und zwar mehr als das letzte Mal, und schickte ihn auf den Markt. Und er schärfte ihm ein, diesmal schön gemästetes Vieh zu erhandeln, und vor allem solle er diesmal Schlachtvieh und keine Hunde kaufen, sonst werde er ihn samt seinen Hunden zum Teufel jagen. Der Junge ging weg, und an der gleichen Stelle begegnete er wiederum dem Fremden, der wieder einen andern Hund bei sich hatte. Unser Bursche wollte vorbeigehen ohne ihn zu hören und dachte: Das ist der Hundeverkäufer, wir wollen ihm nicht mal Antwort geben. Der andere aber rief: «He, he!» und erkundigte sich, wohin er gehe, und ob er ihn denn nicht grüssen wolle. Er müsse auf den Markt und habe keine Zeit, meinte der Metzgerssohn. Der Fremde aber sprang ihm nach und hielt ihn fest, indem er fragte, wo er die Hunde gelassen habe. Die seien daheim, antwortete er, und er habe Eile, auf den Markt zu kommen. Und der aufdringliche Fremde fragte ihn, ob er nicht diesen dritten Hund für seine Mutter kaufen möchte. Die Mutter sei den ganzen Tag in der Küche und habe wohl dann und wann einen Knochen für den Hund. Dieser lebe auch bloss von Knochen, die auf den Boden fallen. Sein Vater sei erzürnt genug gewesen, meinte der Junge, und er kaufe keine Hunde mehr. Und er wollte weiter gehen. Der andere aber hielt ihn zurück und forderte ihn

Er wusste bald nicht mehr wo ein und wo aus.

auf, diesen Hund zu kaufen, er werde sein Glück sein und plagte ihn, bis der arme Bursche sich nach dem Preis des Hundes erkundigte. Der sei noch teurer als die andern, erwiderte der Alte, er koste so und so viel, und er nannte wieder gerade die Summe, die der Vater für den Ankauf des Schlachtviehs bereitgestellt hatte. Der gute Junge wandte ein, er könne diesen Handel nicht machen, er könne den Hund nicht kaufen, denn er müsse Vieh erhandeln, da sein Vater sehr erzürnt sei. Der Fremde hielt ihn aber fest und drang auf ihn ein, bis er auch diesen Hund erstand. Dann ging unser Junge mit seinem Hund und mit einem schlechten Gewissen heim. Er wusste schon, dass sein Vater heftig erregt sein würde. Dieser sah wiederum den Sohn mit einem Hund kommen, führte die beiden andern Hunde vor die Haustüre und sagte zum Sohn: «Geh und lass dich segnen», und er jagte ihn weg und gab ihm nicht einen roten Rappen. «Mach was du willst mit deinen Hunden!» rief er ihm nach. Die Mutter eilte dem Sohne nach und gab ihm ein paar Batzen in die Tasche.

Der Jüngling ging fort und kam am Abend spät in einen Wald. Er wusste bald nicht mehr wo ein und wo aus. Da erblickte er ein Haus, ging hinein und bat, übernachten zu dürfen. Das könne er schon, erwiderte man ihm. Und er fragte, ob man ihm etwas zu Essen gebe. Er ass dann und erklärte darauf, er wolle sich schlafen legen. Das könne er machen, wurde ihm bedeutet, aber die Hunde müsse er zurücklassen, die dürfe er nicht mit sich nehmen. Da meinte er, wenn es den andern gelinge, die Hunde zurückzuhalten, so habe er nichts dagegen. So ging man denn mit ihm in sein Zimmer. In der Stube gelang es den andern, den «Brich Eisen und Stahl» zurückzuhalten. Die andern beiden aber mussten sie mit ihm gehen lassen. Dann schritten sie durch ein weiteres Zimmer und konnten jenen Hund zurückhalten, der schnell war wie der Wind. Und im dritten Raume gelang es endlich, den dritten Hund, der schnell war wie der Sinn, festzuhalten. Nun war der Junge ohne seine Hunde. Da erklärte man ihm, nun solle er Reu und Leid erwecken, sein Leben sei verwirkt. Die Hunde konnten die andern auch gebrauchen. Der Jüngling kniete nieder, aber statt zu beten, rief er die drei Hunde bei ihren Namen: «Brich Eisen und Stahl, Geschwind wie der Wind, Geschwind wie der Sinn!» Kaum hatte er die Namen gerufen, so standen alle drei Hunde vor ihm. «Brich Eisen und Stahl» hatte die Türschlösser weggerissen, und die beiden andern waren ihm nachgefolgt und standen nun zur Hilfe bereit. Nun befahl er seinen Hunden, die Räuber, die dort waren, zu töten, und die Tiere besorgten das, als gelte es, Hanfstengel zu brechen. Der Jüngling ging dann in die Stube zurück und fand dort die Magd. Sie bat ihn inständig, er möchte sie um des Himmels willen verschonen, sie sei ein armes Mädchen. Eigentlich sei sie die Tochter des Königs, aber sie sei von den Räubern gestohlen worden und hätte hier für sie die Magd spielen müssen, sonst wäre sie getötet worden. Er aber erkundigte sich, ob noch mehr Räuber herum seien. Das verneinte die Magd und erklärte, es seien nur diese da gewesen, die er getötet habe. Sie gingen dann schlafen. Am Morgen standen sie auf, und der Jüngling liess sich das Geld, das die Räuber besessen hatten, zeigen. Da fanden sich Vieh und Wagen und Pferde und ein Haufen Geld. Der Jüngling wollte das Geld mit sich nehmen und musste einen Wagen herschaffen und zwei Pferde, um das Geld wegzuführen. Und eine schöne Viehherde nahm er auch mit sich. Das Vieh führte er auf die Strasse und befahl seinen Hunden, es zu treiben. Und er setzte sich mit der Magd in die Kutsche und zog heimwärts.

Auf einmal sah der Vater eine Viehherde daherkommen und niemand, der sie trieb, und doch gingen die Tiere nicht von der Strasse ab. Zuletzt kam eine Kutsche, aber sonst war niemand zu sehen. Der Jüngling liess die Tiere vor seines Vaters Haus anhalten. Das Vieh stand still, und man sah nichts, als hin und wieder etwas wie einen Schatten vorüberhuschen. Die Kutsche fuhr vor, und da kam der Sohn heraus und sagte: Hier habe der Vater nun das Vieh für das Geld, welches er zum Ankauf der Hunde gebraucht habe. Jener Mann hätte gesagt, diese Hunde wären sein Glück, und sie seien es auch gewesen. Und da habe er noch etwas Geld für den Zins jener Summen und etwas Geld für die Mutter. Er aber gehe jetzt weiter, um diese Dame zu heiraten, die seine Braut werde.

Und er ging seines Weges und heiratete die Magd, und ich hab' ihn seither nicht mehr gesehen.

*Eigentlich sei sie die Tochter
des Königs aber sie sei
von den Räubern gestohlen
worden und hätte hier für sie
die Magd spielen müssen…*

Der Herr und die Knechte

Es war ein Herr, der eine grosse Reise machte. Er kam zu einer Mühle und sah einen Jüngling, der ein Mühlrad mit der Luft seiner Nase antrieb. Der Herr stand still und fragte: «Was machst du da?» «Oh, das seht ihr doch, dass ich das Mühlrad antreibe.» «Ja, bist du fähig, das Mühlrad nur mit deiner Nase anzutreiben?» Der andere sagte: «Ich blase nur mit einem Loch, sonst würde ich die ganze Mühle wegblasen.» Der Herr fragte: «Willst du nicht als Knecht zu mir kommen?» «Oh, warum nicht», sagte der andere, «wieviel Lohn gibst du?» «Ich gebe 100 Franken im Jahr und die Kost.» «Nun, dann komme ich.»

Indessen gingen sie noch ein Stück weiter. Da sahen sie einen, der mit dem Ohr auf der Erde lag und horchte. Der Herr fragte: «Was machst du da?» «Oh, ich horche wie das Gras wächst.» «Ja, so hörst du das Gras wachsen?» «Ja, das höre ich sehr leicht.» «Oh, dann könntest du wohl als Knecht zu mir kommen. Ich habe da noch einen, der bei mir Knecht ist.» «Wieviel Lohn gebt ihr?» «Ich gebe dir wie diesem da, die Kost und 100 Franken im Jahr.» «Nun, dann komme ich auch.»

Sie gingen zu dritt noch ein Stück, da sahen sie einen, der die Strasse hinaufging und einen Mühlstein an einem Bein trug. «Wohin gehst du mit diesem Stein?» «Ja, ich muss Schafe suchen gehen, die gefehlt haben.» «Nun, warum legst du einen Mühlstein an ein Bein, wie willst du damit laufen?» «Ja, wenn ich den nicht trüge, so würde ich so schnell laufen, dass ich nicht einmal die Schafe sehen würde.» «Nun, du könntest auch als Knecht zu mir kommen, wenn du so schnell laufen kannst.» «Und wieviel Lohn gebt ihr?» «Ich habe noch zwei da, diesen gebe ich 100 Franken im Jahr und die Kost.» «Nun, dann komme ich auch.»

Wie sie weitergingen, sahen sie einen, der mit verbundenen Augen Vögel schoss. «Was machst denn du hier mit verbundenen Augen?» «Oh, ich schiesse Vögel.» «Oho, mit verbundenen Augen wirst du viele Vögel schiessen!» «Doch, doch, wenn ich die Augen nicht verbunden hätte, würde ich zu gut sehen und träfe keinen einzigen.» «Ja, wenn du ein so guter Jäger bist, so könntest du als Knecht zu mir kommen.» «Wieviel Lohn gibst du denn?» «Ich gebe dir soviel wie den dreien, die ich da schon habe.» «Nun, wieviel Lohn haben denn diese?» «Diesen gebe ich 100 Franken im Jahr und die Kost.» «Dann komme ich gern auch als Knecht zu dir.»

Dann gingen sie weiter und sahen einen, der mit einer gewaltigen Kette auf dem Rücken einherging. Der Herr fragte: «Wohin willst du mit einer solchen Kette gehen?» «Ich gehe Holz suchen.» «Na, du hast genug zu tragen an der Kette, ohne das Holz.» «Nein, nein, diese lade ich voll und trage die Bürde noch leicht.» Dann fragte er auch ihn, ob er nicht sein Knecht werden wolle. «Je nachdem, was du für einen Lohn gibst.» «Oh, ich habe da noch vier, und diesen gebe ich 100 Franken im Jahr und die Kost.» «Dann komme ich auch zu dir als Knecht.»

Nun kamen sie in eine Stadt, gingen in ein Gasthaus und hörten da erzählen, dass die Königstochter schneller sei als die Eisenbahn. Der Herr hörte auf das, was gesagt wurde und erklärte dann: «Ich glaube, ich habe da einen Knecht, der schneller laufen kann als die Königstochter.» Das wurde sofort gemeldet. Und der König liess den Herrn rufen. Der Herr ging mit allen vier (5?) Knechten zum König. Und der König sagte: «Du hast gesagt, du habest einen Knecht, der schneller laufen könne als meine Tochter.» Darauf sagte der König: «Wenn dein Knecht schneller laufen kann als meine Tochter, so gebe ich dir soviel Geld, als der da tragen kann», und zeigte gerade auf den, der mit der Kette Holz rüsten ging. Der König gab dann jedem ein Fläschchen, dem Knecht und seiner Tochter, und diese mussten 100 km weit gehen, um Mineralwasser zu holen. Wer zuerst ankam, hatte gewonnen.

Die Königstochter und der Knecht gingen miteinander auf die Minute genau weg. Der Knecht des Herrn kam schon auf halbem Weg zurück, da begegnete er erst der Königstochter, die noch das Wasser holen musste. Und die Königstochter, da sie ihm begegnete, sagte, nun habe sie verloren, jetzt soll er nur herkommen. «Nun komm nur her, so essen wir zusammen und kehren miteinander nach Hause.» Er war einverstanden, sie begannen zu essen, und die Königstochter gab ihm Wein mit Schlafpulver, sodass er augenblicklich einschlief. Er schlief wie ein Dachs. Die Königstochter nahm ihm dann die Flasche mit Wasser aus der Tasche und legte ihre leere Flasche hinein. Und sie zog heimwärts.

«Oh ich horche, wie das Gras wächst.»
«Ja, so hörst Du das Gras wachsen?»
«Ja, das höre ich sehr leicht.»

Der Herr wartete, dass der Knecht käme, und da er nie kam, sagte er zu jenem, der das Gras wachsen hörte: «Du, wenn du so gute Ohren hast, so horche, ob du ihn nicht irgendwo kommen hörst.» Er horchte dann und sagte: «Er ist noch weit hinten und schläft mit dem Kopf auf einem Stein.» Dann sagte der Herr zu jenem, der mit verbundenen Augen Vögel schoss: «So schiess ihm den Stein unterm Kopf weg, dass er erwache!» Und der Jäger schoss den Stein weg, dass er erwachte. Zuerst schaute er, ob er noch die Flasche mit dem Wasser habe, aber er hatte nur die leere Flasche. Jene mit dem Wasser hatte die Königstochter mitgenommen. Er kehrte aber schnell zurück und füllte die Flasche mit Wasser und kam noch eine halbe Stunde vor der Königstochter nach Hause. Der Herr hatte dann gewonnen.

Am Tage darauf ging er zum König, um das Geld zu holen, und hiess den Knecht, der mit der Kette Holz rüsten ging, mit ihm kommen. Und dieser hatte aus zwei Ochsenhäuten einen Beutel gemacht, um das Geld hineinzustecken. Als der König diesen Beutel sah, sagte er: «Diesen Beutel voll Geld trägst du nicht.» «Ja, ich glaube nicht, dass du soviel Geld hast, wie ich zu tragen im Stande bin.» Dann gingen sie zusammen in ein Zimmer, wo der König sein Geld hatte. Der Knecht des Herrn hielt den Beutel auf, und zwei andere luden mit Schaufeln das Geld ein. Als er halb voll war, hob jener, der ihn trug, den Beutel auf und nieder und sagte, da gehe noch viel hinein: «Da geht noch viel Geld hinein, nur weiter.» Der König sagte darauf, er habe keines mehr und könne nicht mehr geben. Und dabei dachte er: «Sobald sie aus der Stadt hinaus sind, lasse ich meine Soldaten ihnen folgen, sie fangen und ihnen das Geld abnehmen.»

Da sie ein Stück aus der Stadt heraus waren, sahen sie, dass Militär nachfolgte. Und der Herr ahnte schon, warum diese kämen, und befahl dem Knecht, welcher mit der Nase das Mühlrad trieb: «Du, der du mit der Nase das Mühlrad treiben kannst, blas diese Soldaten weg.» «Ja, das will ich schon machen.» Dann blies er nur mit einem Nasenloch, und alle Soldaten fielen vom starken Wind auf die Erde hin. Sie standen aber sofort auf und rannten was sie konnten. Und der Knecht dachte: Kommt nur her, diesmal blase ich mit beiden Löchern, und dann kehrt ihr nicht mehr zurück. Als sie ziemlich nahe gekommen waren, kehrte er sich um und blies mit beiden Nasenlöchern, und blies die Soldaten und die ganze Stadt weg, sodass man keine Spur mehr davon fand.

«*Ja, ich muss Schafe suchen gehen,*
die gefehlt haben.»

81

Die Schanänn-Jungfrau

In der Nähe der Fideriser-Au, an dem Fussweg nach dem Dorf Jenaz, steht ein kleines Haus, bei welchem man lange Jahre nachts eine Jungfrau, riesengross, in weissem Kleid, mit bleichem Gesicht und fliegenden, dunklen Haaren, lautlos umherschwebend, erblickte, welche die Wanderer um Erlösung anflehte und künftige Dinge ihnen voraussagte. Diese bleiche Seherin ist die Schanänna-Jungfrau. Jetzt ist sie seit langer Zeit nicht mehr gesehen worden. Das kleine Haus ist noch bewohnbar, aber:

«Dort scheint ein langes,
ew'ges Ach zu wohnen;
Aus jenen Mauern
weht es uns entgegen
In dumpfen Lüften,
die sich leise regen.»

Der Wanderer, der verspätet, von der Dunkelheit überrascht, hier vorbeigeht, hört, bald ferne, bald nahe, ein klägliches Stöhnen und Wimmern. Manchem tritt dieser Spuk, die im ganzen Tal bekannte Schanänna-Jungfrau, selbst entgegen, und enthüllt ihm die grause Sage von den nahen Trümmern ihrer väterlichen Burg Strahlegg, und den Untaten ihres Vaters, sowie von dem Untergang ihres Geschlechtes; oder sie verkündet ihm, als oft erprobte Seherin, Dinge der Zukunft. Auch in den Trümmern besagter Burg soll sie zu sehen sein, und in riesengrosser, grauenerregender Gestalt, in weissem Kleid erscheinen. Wenige Sterbliche (nur Sonntagskinder, die mehr zu sehen bekommen, als andere Leute), die ihrer ansichtig geworden, brachten sie zum Geständnis einer schweren Schuld ihres Vaters, weshalb sie auch umgehen müsse, und nur erlöst werden könne

Von jenem,
der der Erste sei gebettet
In einer Wiege,
die aus Brettern man gefügt
Der Tanne, welche wuchs,
wo sie gekettet.

Ihr Vater, ein reicher Mann, bewohnte ausser dem Schloss Strahlegg auch in der Nähe der Fideriser-Au ein Haus. Zu ihm kam, als das Mägdlein noch in der Wiege lag, einst ein armer Mann, der um eine Gabe ihn bat; der Reiche verweigerte dieselbe.

«So will ich dir etwas geben», entgegnete der Arme, und gab ihm eine Nuss, «die setze neben dem grossen Stein».

Er tat, wie der Arme ihn geheissen; «aus der Nuss wächst ein Baum, aus dem Baum ein Zweig, aus dem Zweig ein Ast, und aus dem wird man eine Wiege machen, und das Kind, das in jener Wiege liegen wird, das soll deine Tochter da erlösen, und die muss bis dahin dein Geld hüten.»

Der Reiche wollte alsobald die verwünschte Nuss wieder aus dem Boden hervorgraben, statt deren sprosste bereits ein Zweiglein ihm entgegen, und weiteres Unheil ahnend, wenn er dasselbe berühre, überliess er sich, durch das weite Feld irrend, der Verzweiflung.

Seine Tochter wuchs heran, aber sie wurde ihres Lebens nicht froh; ihr schönes, bleiches Gesicht zeugte von innerem Gram, und viele Jahre nach ihrem Tod muss sie die Schätze ihres Vaters hüten, bis ihre Erlösung bewirkt ist.

*Manchem tritt dieser Spuk, die im ganzen Tal
bekannte Schanänna-Jungfrau, selbst entgegen.*

Tredeschin

Es waren einmal ein Mann und eine Frau, die hatten dreizehn Kinder. Als das dreizehnte, ein schöner Knabe, geboren wurde, sagte der Vater zur Mutter:

«Ich weiss wahrhaftig nicht, was für einen Namen wir ihm geben sollen. Die Namen der Verwandten haben wir bei den zwölf anderen schon aufgebraucht; wie könnten wir ihn nur nennen?»

Die Mutter erwiderte: «Er ist der dreizehnte, so nennen wir ihn halt Tredeschin.»

Und wirklich, sie tauften ihn Tredeschin, Dreizehnerlein. Es zeigte sich nun bald, dass Tredeschin von allen zusammen der Gescheiteste war, – mit dem Wachsen aber ging's nicht recht vorwärts – er blieb immer der Kleinste. Schon früh begann er sich an die Bücher zu machen, und bald konnte er viele, herrliche Geschichten erzählen. Das war aber nicht alles, Tredeschin hatte auch eine sehr schöne Stimme. Wenn er sang, so lauschte jung und alt, und spielte er auf seiner Geige zum Tanz auf, so hüpften Knaben und Mädchen noch einmal so hoch als sonst.

In seinen Büchern las er viel vom schönen Frankreich, und eines Tages packte ihn die Lust, die Welt zu sehen. Er sagte zum Vater:

«Vater, ich will nach Frankreich gehen und will schauen, ob der König Ludwig mich nicht als Stallknecht in seinen Dienst nähme.»

Der Vater hatte nichts dagegen, und so nahm Tredeschin von allen Verwandten und Freunden Abschied und machte sich auf den Weg.

Nach langer, mühseliger Wanderschaft kam er eines schönen Tages in eine prächtige Stadt in Frankreich. Er ging in eine bescheidene Herberge und fragte den Wirt, wo er den König Ludwig finden könne. Der Wirt sah ihn an und sagte:

«Das will ich euch wohl sagen, junger Freund. Seht dort das schöne Haus: Das ist der Palast des Königs Ludwig. Wartet ein wenig; der Knecht wird gleich aus dem Stalle kommen, um die Kühe des Königs zu tränken. Da könnt Ihr ihn fragen, ob er eine Stelle für Euch hat.»

Tredeschin dankte dem Wirt, und um sich die Zeit zu vertreiben, zog er seine Geige hervor und begann so wunderschön zu singen und zu spielen, dass alle Gäste ihn nicht genug loben konnten. Nach einer Weile stand er auf und ging hinüber zum Palast. Eine Wache trat zu ihm heran und fragte, was er wolle. Tredeschin antwortete: «Ich hätte wohl Lust, Knecht im Stalle des Königs zu werden.»

Da kam gerade der alte Knecht aus dem Stalle mit vielen Kühen, die prächtige Schellen am Halse trugen. Tredeschin ging zu ihm und fragte ihn in aller Bescheidenheit, ob er nicht eine Stelle für ihn habe. Der Alte schüttelte zuerst bedenklich den Kopf, als er den kleinen Mann vor sich sah – Tredeschin war nämlich immer noch sehr klein für sein Alter – aber das hübsche, freundliche Gesicht gefiel ihm doch, und so sagte er:

«Kommt mit mir in den Stall.» Dort setzten sie sich auf eine Bank, der Alte fragte Tredeschin nach seinem Namen und sagte, er wolle ihn wohl als Knecht nehmen, aber er müsse zuerst den Schreiber fragen. Tredeschin war damit wohl zufrieden und fing gleich an, eine Beschäftigung zu suchen. Er nahm den Besen und fegte den Stall, bis er blitzsauber war, und machte sich überall zu schaffen. Das gefiel dem Alten ausnehmend gut, und so wurde Tredeschin wirklich als Stallknecht angestellt. Er fühlte sich sehr wohl, denn alle hatten ihn gern. Abends, wenn er in den Hof des Königs ging, um die Kühe zu tränken, sang er jedesmal, dass es eine Freude war.

Einmal traf es sich, dass der König gerade am Fenster war und den schönen Gesang hörte. Er rief die Königin und die Prinzessin, damit sie auch die prächtige Stimme bewundern könnten, und fragte den Schreiber, wer das sei. Der Schreiber antwortete:

«Das ist der neue Stallknecht,» und nun sprach der König: «Es ist doch jammerschade, einen so guten Sänger im Stall zu lassen. Geht hinunter und ruft ihn mir sofort herauf.»

Der Schreiber ging in den Stall und befahl Tredeschin, zum König hinauf zu kommen. Tredeschin zog andere Kleider an, nahm seine Geige und ging hinauf ins Zimmer des Königs. Dort begann er so schön zu singen und zu spielen, dass alles voll Staunen war. Der König nahm ihn darauf bei der Hand und sagte sehr freundlich: «Wisst Ihr was, mein junger Freund? Ihr bleibt mir nicht länger im Stall. Ihr müsst zu mir ins Schloss. Mein Sangesmeister soll Euch in Lied und Spiel unterweisen.» Nun war Tredeschin natürlich überglücklich und dankte dem

*Nach langer, mühseliger Wanderschaft
kam er eines schönen Tages
in eine prächtige französische Stadt.*

guten König von ganzem Herzen. Bald mochten alle den Tredeschin gerne leiden, denn er blieb immer bescheiden und wurde gar nicht stolz. Auch der König gewann ihn sehr lieb und ernannte ihn bald zu seinem zweiten Schreiber.

Nach einiger Zeit geschah es, dass der König missmutig und krank wurde. Er konnte nachts nicht mehr schlafen und wurde von Tag zu Tag trübsinniger. Immerfort dachte er an seinen Feind, den Türken, der ihm seinen schönen Schimmel im letzten Kriege geraubt hatte. Schliesslich liess er überall ein Dekret anschlagen, in dem zu lesen war, dass derjenige, der imstande sei, den Schimmel zurückzubringen, seine Tochter erhalten solle oder die Hälfte seines Vermögens. Tredeschin las dieses Dekret und dachte darüber nach, wie es wohl möglich wäre, den Schimmel aus dem Stall des Türken zu stehlen. Er war ein pfiffiger Patron, und so kam ihm dann bald ein guter Gedanke. So ging er denn zum König und sagte ihm, er wolle ins Land der Türken gehen, um den schönen Schimmel zu holen. Der König war ausserordentlich froh darüber, die Königin aber und besonders die schöne Prinzessin wollten ihn nicht gehen lassen. Tredeschin aber machte sich dennoch auf den Weg, und lange, lange sah man ihn nicht mehr.

Nach einer beschwerlichen Seereise kam er eines Abends spät ins Türkenland. Er war gekleidet wie ein Kaufmann und hatte eine Kiste voll alter Weine bei sich. In einige Flaschen hatte er eine Würze gemischt, die die Kraft hatte, den Trinker bald einzuschläfern. Sofort ging er zum Schloss des Türken hinauf und spähte umher, wo der Stall sei. Er fand ihn bald und fragte die Knechte, ob er nicht im Stall übernachten dürfe. Die liessen ihn ein und gaben ihm zu essen und zu trinken. Tredeschin sah sich im Stalle um und lobte das prächtige Vieh des Türken über alle Massen. Im Gespräch fragte er den Oberknecht: «Habt Ihr denn gar keine Pferde?» Aber der Alte wollte nicht recht mit der Sprache heraus; er sagte nur: «Die sind in einem andern Stall.» Nun setzten sich alle um den Stalltisch, und Tredeschin begann, sie mit seinem guten Wein zu bewirten; einstweilen gab er ihnen aber solchen ohne die einschläfernde Würze. Der Wein war stark und stieg den Knechten bald zu Kopf, besonders der Alte wurde sehr mitteilsam. Er nahm Tredeschin beiseite und sagte ihm ins Ohr: «Kommt mit mir, junger Freund; es ist zwar bei schwerer Strafe verboten, einen Fremden in den Pferdestall zu führen, aber Euch will ich doch die Pferde zeigen.» Tredeschin lobte die schönen Tiere und fragte: «Schimmel habt Ihr nicht?»

Der Alte sagte: «Nun denn, wenn Ihr wollt, will ich Euch den Schimmel zeigen, obschon es mich den Kopf kosten kann.» Er ging mit Tredeschin in einen kleinen Stall, in dem keine anderen Pferde waren, als der Schimmel des Königs von Frankreich.

Tredeschin achtete genau auf alles und sah aufmerksam überall herum. Darauf kehrten sie zu den anderen Knechten zurück, und jetzt nahm Tredeschin die Flaschen mit dem Wein, der die Würze enthielt. Sie tranken lustig weiter, aber nach und nach fing einer nach dem andern an einzunicken, bis schliesslich alle schliefen wie die Holzklötze, die Köpfe auf dem Tisch.

Jetzt zog Tredeschin ein Bündel Watte hervor, das er mitgebracht hatte, ging in den Stall des Schimmels, band ihm die Watte unter die Hufe und lief schnell mit dem edlen Tier hinunter zu seinem Schiff. Aber auf einmal fing der Papagei des Türken, der immer in der Küche stand, aus Leibeskräften an zu schreien:

«Türk! Türk! Tredeschin raubt den schönen Schimmel!»

Der Türke wachte von dem Geschrei auf, sprang im Hemd ans Fenster und schrie hinunter:

«Tredeschin, wo läufst du hin? Galgenstrick, wann kommst du zurück?»

Tredeschin antwortete mit feiner Stimme:

«Übers Jahr, übers Jahr,
übers Jahr sehn wir uns beide,
Mir zu Nutz und dir zu Leide!»

Und auf und davon war er mit dem Schimmel. Stellt Euch nun einmal vor, was für eine Freude in Frankreich war, als eines schönen Tages Tredeschin mit dem Schimmel ankam. Der König dankte ihm mit vielen Worten – aber von dem Vermögen oder der Tochter sagte er gar nichts; denn er wusste sehr wohl, dass Tredeschin zu bescheiden war, um selbst darnach zu fragen. So vergingen einige Monate. Eines Tages begann der König wieder unzufrieden und reizbar zu werden. Er dachte an seine schöne Bettdecke von blauem Brokat, die die Soldaten des Türken im gleichen Kriege geraubt hatten. Auch diesmal erliess er ein Dekret, dass derjenige, der die Decke bringe, seine Tochter erhalte oder die Hälfte seines Vermögens.

Tredeschin dachte bei sich: «Ist es das erste Mal so gut gegangen, so wird es diesmal auch glücken», und entschloss sich kurzerhand zu diesem Wagnis. Als der König hörte, der kühne Mann wolle noch einmal ins Türkenland gehen, um die Decke zu holen, war er voller Freude und sagte zu ihm: «Wenn Du mir auch die Decke zurückbringst, so bekommst Du unter allen Umständen die Prinzessin oder die Hälfte meines Vermögens.»

Tredeschin brach also auf. Er nahm nichts mit sich als eine Leiter und eine lange Schnur. Eines Abends spät kam er müde und matt im Lande der Türken an. Ohne sich irgendwie mit anderen Dingen aufzuhalten, schlich Tredeschin zum Palaste des Türken. Unter dem Fenster des

*Er ging mit Tredeschin
in einen kleinen Stall,
in dem keine anderen Pferde
waren, als der Schimmel
des Königs von Frankreich.*

Schlafzimmers versteckte er sich hinter einer Mauerecke. Bald hörte er, wie der Türke und die Türkin kamen und sich zur Ruhe legten. Er wartete noch ein Weilchen, bis er hörte, dass beide gewaltig zu schnarchen anfingen. Dann legte er die Leiter an und stieg leise, leise die Sprossen hinan. Droben sprang er durch das offene Fenster hinein, schlich sich leise zum Bett, auf dem die schöne blaue Decke lag, und band seine Schnur an einen Zipfel. Dann stieg er schnell wieder hinunter. Kaum war er unten, so zog er leise an der Schnur. Die Türkin wachte auf, gab dem Türken einen Rippenstoss und sagte: «Was ziehst du mir die Decke weg?»

«Was Teufel», antwortete der Türke, «ich habe nicht daran gezogen, Du hast daran gezogen.» Sobald sie wieder eingeschlafen waren, zog Tredeschin nochmals an der Schnur. Jetzt blies sich die Türkin vor Ärger auf wie ein Truthahn und kreischte: «So zieh doch nicht immer an der Decke!» Der Türke antwortete: «Bist Du verrückt geworden? Ich habe nicht gezogen, Du ziehst in einem fort und lässt mir nicht einmal bei Nacht meine Ruhe.» Nun begannen sie zu zanken und zu lärmen, und währenddessen tat Tredeschin einen so starken Zug an der Schnur, dass die Decke zum Fenster hinausflog. In ihrem Zorn merkten der Türke und die Türkin gar nichts, und Tredeschin lief hurtig mit seiner Decke an den Strand hinunter. Aber auch diesmal fing der Papagei aus Leibeskräften an zu schreien:

«Türk, Türk! Tredeschin raubt die schöne Decke!»

Kaum hörte der Türke das, so sprang er im Hemd ans Fenster und schrie voll Zorn hinunter:

«Tredeschin, wo läufst du hin? Galgenstrick, wann kommst du zurück?»

Tredeschin antwortete:

«Übers Jahr, übers Jahr,
Übers Jahr sehn wir uns beide,
Mir zu Nutz und dir zu Leide.»

Und auf und davon war er mit der Decke!

Als Tredeschin nach schwerer, langer Reise glücklich in der Stadt des Königs ankam, war wieder grosse Freude im Schloss, der König dankte ihm sehr – aber von seinem Versprechen wollte er auch diesmal nichts wissen. So verging ein Jahr, da fragte Tredeschin doch eines Abends in aller Bescheidenheit nach seinem Lohn. Der König wusste nicht recht, was sagen; da kam ihm plötzlich der Gedanke, den armen Tredeschin noch einmal ins Türkenland zu schicken. Er sagte also: «Ja, ich will Dir geben, was Du verlangst, aber nur unter einer Bedingung: Du musst noch einmal zum Türken gehen und den Papagei holen, der sprechen kann; den hat man mir auch gestohlen.» Bei sich selbst dachte der König: «Diesmal kehrt er nicht zurück, diesmal wird er sicher erwischt, und dann habe ich den Schimmel und die Decke umsonst zurückbekommen.» Tredeschin überlegte sich lange, ob er sich in diese Gefahr stürzen sollte, schliesslich entschloss er sich, auch das dritte Mal das Wagnis zu unternehmen. Er ging zu einem Zuckerbäcker und wies ihn an, Zuckerplätzchen herzustellen, die ein Schlafpulver enthielten. Dann machte er sich auf die Fahrt, obwohl die Prinzessin ihn durchaus zurückhalten wollte. Diesmal zog er zerlumpte Kleider an, dass er aussah wie ein Bettler.

Abends spät kam er im Türkenland an und ging in den Palast, ohne dass die Wachen ihn sahen. Er ging sofort in die Küche und sagte in jämmerlichem Ton zur Köchin:

«O, um Gottes Willen, gebt mir etwas zu essen; es ist schon viele Tage her, dass ich nichts Warmes gegessen habe.» Die Köchin hatte Mitleid mit dem armen Teufel und gab ihm einen Teller warme Suppe. Während er seine Suppe ass, kam der Diener des Türken in die Küche. Er bemerkte den Bettler, sah ihn genauer an, und auf einmal rief er: «Fasst den Dieb! Fasst den Dieb! Das ist die Canaille, der Tredeschin, der dem Türken den Schimmel und die Decke gestohlen hat!» Auf diesen Ruf kamen alle Diener und Kammerzofen zusammen und zuletzt der Türke selbst. Kaum sah er Tredeschin, so schrie er: «Packt ihn, bindet ihn, würgt ihn, hängt ihn, zerreibt ihn lebendig zwischen zwei Mühlsteinen!» Tredeschin fiel auf die Knie und flehte:»Macht mit mir, was Ihr wollt, nur habt die Barmherzigkeit und bindet mich nicht mit einem Strohseil; denn ich bin am Bauch furchtbar kitzlig, und das wäre das Furchtbarste für mich.» Darauf rief der Türke: «Gerade das sollst Du erleiden. Nehmt ihn und bindet ihn mit einem Strohseil an die Küchentür!» Dies geschah, und Tredeschin bat und flehte, ihn doch am Leben

Da kam gerade der alte Knecht aus dem Stall mit vielen Kühen, die prächtige Schellen am Halse trugen.

zu lassen. «Die Nacht magst du noch leben», sagte der Türke, «aber morgen in aller Frühe wirst du gehängt!» Kaum war Tredeschin allein, so zerschnitt er das Strohseil. Dann trat er an den goldenen Käfig des Papageis heran, der immer in der Küche stand, und fragte den Papagei mit leiser Stimme: «Papagei, willst du Zuckerplätzchen?» Sofort antwortete der Papagei: «Her damit, her damit!»

So frass der Papagei einige Plätzchen und schlief sofort fest ein. Jetzt nahm Tredeschin Käfig und Papagei, sprang zum Fenster hinaus und lief zu seinem Schiff hinunter, so schnell er konnte. Aber kaum waren sie abgefahren, so erwachte der Papagei und begann sofort zu kreischen:

«Türk, Türk! Tredeschin stiehlt mich!»

Der Türke sprang wieder im Hemd ans Fenster und halb toll vor Wut heulte er hinaus:

«Tredeschin, wo läufst du hin?
Galgenstrick, wann kommst du zurück?»

Tredeschin antwortete:

«Nimmermehr, nimmermehr, nimmermehr!»

Und auf und davon war er mit dem Papagei!

Inzwischen hatte der König von Frankreich wenig gute Tage. Seine Frau und besonders seine Tochter machten ihm immerfort die bittersten Vorwürfe, dass er den armen Tredeschin zum dritten Mal ins Türkenland geschickt habe. Die Tochter hatte grosses Herzeleid, denn sie fühlte eine heftige Liebe für unsern Tredeschin. Jetzt stellt euch nur einmal vor, was für eine Freude alle hatten, als Tredeschin gesund und munter mit dem Papagei heimkam! Der König nahm ihn bei der Hand und sagte: «Wahrlich, nun hast du meine Tochter verdient.» Es ging nicht lange, so war im Schloss eine grosse, prächtige Hochzeit. Sie assen und tranken und tanzten die ganze Nacht und hatten grosse Freude alle miteinander – und die Geschichte ist aus.

*Jetzt zog Tredeschin
ein Bündel Watte hervor,
das er mitgebracht hatte,
ging in den Stall
des Schimmels und band
dem Pferd die Watte
unter die Hufe.*

Übelbelohnte Dienstfertigkeit

In Guarda lebte ein Mann mit seiner Frau in Unfrieden. Als der einmal auf einer Bergwiese sein Heu aufladen sollte, um es nach Hause zu führen, hatte er niemand, der ihm dabei Hilfe leistete, denn seine zänkische Frau wollte ihm nicht helfen. Da erschien eine Diale und half ihm sein Fuder laden. Er hielt sie für ein gewöhnliches Weib. Als sie aber auf dem Fuder stand, bemerkte er ihre Ziegenfüsse und dachte bei sich selbsten, nun sei er übel dran, der Teufel stehe auf seinem Fuder. Die Diale fragte ihn nach seinem Namen; er dachte aber, dem Teufel wolle er seinen Namen nicht sagen und antwortete: «Ich selbst» (Eug suess). Und als das Fuder geladen war, stach er der Diale die eiserne Heugabel durch den Leib, in der wirklichen Meinung, nun habe er den Teufel umgebracht, und fuhr dann rasch davon.

Die Diale liess einen durchdringenden Schmerzensschrei hören, und bald sammelte sich eine grosse Anzahl Dialen um sie herum und fragten: «Wer hat das getan?» Sie gab sterbend zur Antwort: «Ich selbst». Da sagten die andern: «Was man selbst tut, geniesst man selbst (Chi suess fà, suess giauda). Seit dieser Zeit aber wurden in Wald und Feld keine Dialen mehr gesehen.

Da erschien eine Diale und half ihm sein Fuder laden.

Der Drache im Schwarzen Walde

In Pontresina lebte einmal ein reicher Kaufherr, der hatte einen Sohn und eine Tochter. Der Sohn, Ludwig, war achtzehn Jahre alt, die Tochter, Luise, ein hübsches Mädchen mit schönen blonden Haaren, war erst sechzehn. Als eines Abends nach dem Nachtessen alle noch um den Tisch sassen, sagte der Vater: «Ich hätte grosse Lust, morgen nach Cläfen zu reiten; vielleicht kann ich auf dem Markt, der übermorgen dort abgehalten wird, wieder einen so guten Kauf machen wie im vorigen Jahr. Ihr, meine Kinder, könnt euch jedes ein Geschenk wünschen, und wenn ihr fein bescheiden seid, so soll sich euer Wunsch erfüllen.» Nun sah er Ludwig an und sagte: «Es nimmt mich doch wunder, was mein Sohn sich wünscht.» Ludwigs Augen begannen zu leuchten: «O lieber Vater, bring mir einen Schimmel, dass ich reiten kann!» «Das fängt ja gut an! Einen Schimmel! Ja, meinst du denn, die Taler und Gulden fliegen nur so in der Luft herum? – Und du, Luise, was wünschest du dir?» «Ich hätte am liebsten einen Rosenstock mit schönen roten Rosen», antwortete Luise.

Am nächsten Morgen früh machte sich der Vater auf den Weg und blieb etwa vierzehn Tage weg. Eines Abends, als die Mutter mit den Kindern vor dem Hause auf der Bank sass, sah Ludwig zufällig die Dorfstrasse hinauf; da sprang er plötzlich auf und schrie voll Freude: «Da kommt der Vater mit dem Schimmel!» und in zwei Sätzen war er neben dem Vater; der sprang vom Pferd und sagte: «Hier mein Sohn, da hast du deinen Schimmel. Pflege ihn gut, und nimm dich wohl in acht: Es wird der Tag kommen, da dieses Pferd dir einen grossen Dienst erweisen wird.» Ludwig umarmte den guten Vater und dankte ihm von ganzem Herzen. Er nahm den Schimmel sofort am Zügel, führte ihn in den Stall und machte ihm ein gutes Lager. Auch Luise war voller Freude, als der Vater ihr einen prächtigen Rosenstock gab, der zwei rote Rosen und zwei Knospen trug. Der Vater sprach. «Hör zu, liebes Kind, und merke wohl, was ich dir sage. Dieser Rosenstock ist keine gewöhnliche Pflanze: dieser Stock sagt gute und böse Tage voraus. Wenn in unserer Familie irgend etwas Trauriges geschehen soll, so verlieren die Rosen ihre schöne rote Farbe und werden welk und blass – soll eines von uns sterben, so werden sie ganz weiss und fallen ab.»

Ludwig ritt nun jeden Tag aus und hatte grosse Freude an seinem schönen Pferd, aber – alles auf dieser Welt nimmt ein Ende. Eines Tages sprach der Vater zum Sohne: «Es freut mich sehr, dass das Pferd dir so viel Vergnügen macht; aber ich muss dich doch darauf aufmerksam machen, dass du dich bald wirst von ihm trennen müssen. Du bist nun erwachsen, und ich glaube, du wärest wohl imstande, unserem Geschäfte in Pavia vorzustehen; im nötigsten habe ich dich ja schon hier unterwiesen. Bist du's zufrieden?» Ludwigs Augen begannen vor Freude zu leuchten, nur der Gedanke, die Seinen und das heimatliche Tal verlassen zu müssen, tat ihm weh. Er sagte aber sofort: «Ja, Vater, ich bin's zufrieden! Ich will in die Ferne ziehen und will sehen, dass ich unserem Geschäfte nützlich sei. Wann soll ich reisen?» «Sobald als möglich», sagte der Vater, «das Wetter ist schön – in zwei Tagen könntest du dich auf den Weg machen.»

Das Felleisen war bald gepackt, und am bestimmten Tage brach Ludwig auf, nachdem er mit Tränen von den Seinen Abschied genommen hatte. Die Mutter war in den ersten Tagen sehr betrübt, und auch Luise weinte viel um den Bruder, aber der Vater zeigte auf den Rosenstock und sagte:

«Seht die Rosen, sie sind frisch und purpurrot. Unserem Sohne geht es gut.» Nach einiger Zeit kam ein Brief von Ludwig, und zu ihrer grossen Freude erfuhren sie dann, dass er wohl und munter in Pavia angekommen sei und dass es ihm dort wohl gefalle.

Eines Tages, als die Mutter in der Speisekammer wirtschaftete, fand sie, dass für den Winter zu wenig Eingemachtes da sei, und so sagte sie zu Luise: «Wir wollen heute nachmittag in den Wald gehen und Preiselbeeren lesen; nimm deinen Korb und komm.» Der Vater begleitete die Frauen, und so gingen sie in den Statzer Wald.

Sie kamen bald in die Nähe der Schwarzen Waldes. Dort war der Boden ganz rot von Preiselbeeren, und je weiter sie hineingingen, um so schönere Beeren fanden sie; bald wurden die Körbe schwer und schwerer. In ihrem Eifer achtete Luise gar nicht mehr auf Vater und Mutter und ging tiefer und tiefer in die Wildnis hinein. Der Vater rief sie mehrere Male mit lauter Stimme, und als keine Antwort kam, lief er voll Angst im Walde

*Er ritt in den Schwarzen Wald hinein
und – merkwürdig – wo er auch vorbeikam,
war ihm alles bekannt.*

hin und her mit Schreien und Rufen – Aber nur der helle Pfiff eines Murmeltieres antwortete ihm oder das heisere Krächzen eines Hähers. Die Angst und Verzweiflung wurde immer grösser, und der Vater rief ausser sich: «O weh, o weh! Sie ist gewiss an die alte verzauberte Arve geraten, die dort droben auf einsamer Bergwiese steht, und dann hat der Drache sie geholt.» Jetzt rannten sie ins Dorf hinaus, so schnell sie konnten und erzählten das furchtbare Unglück. Ihre Nachbarin fing an zu weinen und sagte: «O Gott, sie ist gewiss am gleichen Ort, wo unsere arme Tochter Marie nun schon seit einem Jahre ist. Die hat auch den unglücklichen Gedanken gehabt, um diese Zeit im Schwarzen Walde Preiselbeeren zu suchen.» –

Nun begannen die Sturmglocken zu läuten, und alle Männer zogen mit Hacken und Gabeln, mit Sensen und Gewehren in den Wald. Sie suchten im ganzen weiten Walde, sie schrien, heulten und pfiffen – gefunden aber haben sie nichts.

Denkt euch jetzt nur das Leid der armen Eltern, als sie erfuhren, dass die Männer keine Spur von ihrer Tochter entdeckt hatten! Die Mutter glaubte in ihrer Verzweiflung nichts anderes, als dass Luise tot sei. Der Vater aber schüttelte den Kopf, nahm den Rosenstock herbei und sprach: «Luise ist nicht tot; die Rosen sind wohl bleich und ein wenig welk, sie sind aber noch nicht abgefallen.» Das war nun wohl ein kleiner Trost. Mit schwerem Herzen schrieb der Vater seinem Sohne von diesem Unglück, und auch Ludwig war über alle Massen traurig.

So gingen zwei Jahre dahin. Man suchte und suchte nach der armen Luise und fand sie nirgends. Da kam eines Tages ein Brief von Ludwig, in dem er seinen Eltern schrieb, er habe einen ganz merkwürdigen Traum gehabt, der ihn jetzt Tag und Nacht beschäftige. Er halte es nicht mehr aus in der Fremde und werde in zwei Tagen abreisen: er müsse zu seinen Eltern ins Engadin.

Eines schönen Tages traf Ludwig wirklich in Pontresina ein. Kaum kannten ihn die Eltern, so schön und gross war er geworden. Er war zwar müde von der mühseligen, langen Reise, aber sie blieben doch am ersten Abend noch auf, bis in die Nacht hinein. Ludwig erzählte, wie es ihm in der Fremde ergangen sei. Am frühen Morgen des nächsten Tages sprach Ludwig: «Ich gehe jetzt und sattle mein Pferd; denn wisst: ich reite in den Schwarzen Wald und suche unsere arme Luise.» Der Mutter fuhren diese Worte wie ein Pfeil durchs Herz, und der Vater sagte voll Angst: «Lieber Sohn, stürze dich nicht in solche Gefahr! Willst denn auch du in den Tod gehen? Ist's nicht genug, dass wir ein Kind verloren haben?» Aber Ludwig sprach: «Mein Entschluss steht fest, nichts kann ihn ändern. Fasst Mut! Ich habe gute Hoffnung, unsere Luise zu finden. Denn das ist mir im Traume verkündet worden.» Alles Bitten und Flehen fruchtete nichts, Ludwig nahm Abschied und ging.

So ritt er in den Schwarzen Wald hinein, und – merkwürdig – wo er auch vorbeikam, alles war ihm bekannt, er hatte es im Traume gesehen. Je weiter er kam, um so wilder wurde der Wald. Das Ross hatte schwere Mühe, sich durch das Gewirr von Zweigen und Wurzeln, von Gestrüpp und Steinen durchzuarbeiten. Die Zweige der Bäume berührten einander, bald war der Kopf des Reiters, bald der des Pferdes in diesem Netz von Ästen verfangen. Der Wald wurde immer unheimlicher, das Pferd war über und über von Schaum bedeckt, aber von Ludwigs sicherer Hand geleitet, ging es immer vorwärts. So kamen sie an eine Stelle, die weithin voller Alpenrosen war – das Pferd tat einen Schritt – da gab es einen so furchtbaren Krach, dass die Erde zitterte und das Pferd hoch aufstand. Dicht vor dem Reiter spaltete sich ein mächtiger Baumstamm, und hervor sprang ein feuerroter Mann, fasste das Pferd am Zügel und zwang das Zitternde zum Stehen. Dann sprach er zu Ludwig, der vor Schrecken bebend, sich kaum im Sattel halten konnte: «Du Mann des Glücks! Sei ruhig und fürchte dich nicht! Dein Pferd ist mit dem letzten Schritt auf die Königin der Blumen dieses Waldes getreten, auf jene grosse Alpenrose, und derjenige, der diese Rose zertritt, wenn des Mondes Hörner aufwärts weisen, der hat die Kraft und die Macht, diesen Wald zu entzaubern. Reite getrost deines Weges, die Macht des Drachen, der den Wald verzaubert hat, ist schon jetzt halb gebrochen, er kann dir nichts mehr anhaben.» «Und meine Schwester Luise?» fragte nun Ludwig, «lebt sie noch? Werde ich sie finden?»

Da sprach der rote Mann: «Gib wohl acht, was ich dir sage, und folge meinem Rate, dann wird's uns beiden wohl ergehen, dir wie mir. Wenn die Nacht hereinbricht, wirst du das Ende des Waldes erreicht haben. Dann öffnet sich ein Tal, du siehst vor dir einen schönen grünen Plan und in der Mitte ein grosses Haus, das eine hohe Mauer rings umgibt. Geh hinein und tue ganz so, als seiest du Herr des Hauses. Die Bewohner, die du dort finden wirst, sind alle stumm. Du bleibst die Nacht dort. Morgen früh gehst du hinaus in den Garten, neben der Türe zur rechten Hand ist ein Platz, auf dem die Erde frisch umgewühlt ist. Geh dorthin und nimm diese Rolle, die ich dir hier gebe. Rollst du sie auf, so wird sie länger und länger, und schliesslich hältst du einen Stock in der Hand, der so lang und so schwer ist, dass du ihn nur mit Aufbietung aller Kräfte wirst handhaben können. Mit diesem Stock schlägst du dreimal auf jene umgewühlte Erde, der Stock

*Dein Pferd ist mit dem letzten Schritt auf die grosse Alpenrose,
die Königin der Blumen dieses Waldes, getreten.*

wird brechen, und du fliehst zum Haus zurück. – Wenn du das tust, so werden wir alle gerettet sein. Denn wisse: auch ich bin verzaubert. Ich bin auf der Jagd in den Schwarzen Wald geraten, und der Zauber ist über mich gekommen. Zu dir spricht ein Mann, der Engadiner ist wie du – Matthias Silvester aus dem stillen Tale von Fex. – Nun aber reite zu – ich muss wieder in meinen Baumstumpf zurück.» Sprach's und verschwand.

Ludwig gab nun dem Schimmel die Sporen und ritt eilends vorwärts. Der Weg war schlecht, es begann leise zu dunkeln, und Ludwig, der doch ein mutiger Jüngling war, fing an, unruhig zu werden. Endlich wurde der Wald lichter und lichter, noch einige Schritte, da öffnet sich ein schönes Tal. Es war zwar schon fast Nacht, dennoch erkannte Ludwig die Umrisse eines grossen Hauses, und bald hielt er vor einem mächtigen Portal. Zwei gewaltige marmorne Löwen lagen davor. Er ritt hinein und kam in einen grossen Hof, in dessen Mitte ein schöner Pfad zum Hause führte. Zur linken Hand stand ein prächtiger Brunnen aus Stein. Ludwig sprang ab, führte sein Pferd an den Brunnen und tränkte es. Dann schlang er den Zügel in einen Ring, der an der Mauer angebracht war, und ging ins Haus hinein. Er trat in einen hohen, gewölbten Gang mit steinernem Boden und kostbaren Bildern an den Wänden; da dachte er: «Das muss ein edles, vornehmes Haus sein! Wo werde ich nur hinkommen?» Zur Rechten sah er eine Tür, ging hin und klopfte höflich an – aber da war niemand, der geöffnet hätte. So nahm sich Ludwig ein Herz und öffnete. Was sah er nun? Ein wunderschönes Zimmer mit Stühlen von rotem Damast und an der Wand einen mächtigen Spiegel in goldenem Rahmen. Von der Decke herab hing ein grosser Kronleuchter mit mehr als fünfzig Kerzen; die steckten alle in Haltern von rosigem Kristall und erfüllten das Zimmer mit wunderbarem Lichte. In der Mitte stand ein runder Tisch mit Gedecken für drei Personen, Teller von feinstem Porzellan und schweres Silberzeug, dazu ein Gefäss mit herrlichen Blumen. Kaum hatte Ludwig sich recht im Zimmer umgesehen, da öffnete sich eine kleine Tür zur Linken, und herein traten zwei Damen, ganz in Schwarz gekleidet. Schwarze Schleier flossen vom Kopf bis zu den Füssen herab und verbargen das Antlitz völlig. Ludwig machte eine tiefe Verbeugung, die Damen neigten sich leicht gegen ihn. Dann setzten sich alle drei an den Tisch, ohne ein Wort zu sagen, ein Diener trat herein, stellte die Suppe auf den Tisch, verbeugte sich und ging wieder. Nun fingen sie an zu essen; die Damen lüfteten ihre Schleier, aber nur bis zum Mund, vom Gesichte sah man nichts. Es war ein langes Abendessen, denn der Diener brachte eine Schüssel nach der andern – es wollte gar nicht aufhören – dazu feines Zuckerwerk und edlen alten Wein. Nach dem Mahle standen die Damen auf, verneigten sich wieder und gingen zur Tür hinaus, ohne ein Wort zu sprechen. Das scheint mir eine merkwürdig ruhige Gesellschaft zu sein, dachte Ludwig, stand auf und trat auf den Gang hinaus. Hier fand er den Diener mit einer Laterne. Ludwig gab ihm zu verstehen, dass er sein Pferd sehen wolle, und der Diener führte ihn in den Stall. Dort stand sein Schimmel wohlbehalten neben zwei edlen, feurigen Rappen. Nun zeigte der Diener Ludwig sein Schlafzimmer, eine wunderschöne Kammer im zweiten Stockwerk.

Ludwig war rechtschaffen müde von der langen Reise; so ging er sofort ins Bett und schlief bald ein. Da plötzlich – es schlug gerade zehn Uhr – gab es einen starken Krach, so dass Ludwig erschreckt auffuhr; als er aber nichts mehr hörte, glaubte er, er habe einen schweren Traum gehabt, wandte sich auf die andere Seite und schlief bald wieder ein. Aber sein Schlaf sollte nicht lange dauern. Auf den elften Glockenschlag erdröhnte ein noch stärkerer Schlag, der Ludwig grade auf jagte.

Das ist doch ein merkwürdiges Ding, dachte Ludwig und horchte eine Weile. Er hörte aber gar nichts; so legte er den Kopf wieder auf's Kissen und schlief ein. Aber das Schlimmste kam jetzt. Um Mitternacht gab es einen so entsetzlichen Krach, dass die Erde bebte, das Bett hin und her schwankte wie eine Wiege und Ludwig hinausgeworfen wurde. Da lag er am Boden, so lang er war. Der Schlaf war ihm nun gründlich verleidet; dennoch ging er wieder ins Bett, und nun hörte er eine Stunde nach der anderen schlagen, und nichts regte sich ringsum.

Etwa um sechs Uhr stand er auf, zog sich an und ging in den Stall, um nach seinem Schimmel zu sehen. Das Pferd war schon gestrählt und glänzte wie ein Spiegel. Ludwig ging nun noch ein wenig um's Haus herum. Staunend sah er all die Pracht; das herrliche Gebäude, die weissen Statuen und den hohen Springbrunnen mitten im Garten. Dann kehrte er ins Haus zurück und trat in das Zimmer zur Rechten. Wie am Abend, so war auch jetzt der Tisch für drei Personen gedeckt. Heute standen da Tassen aus grünem Porzellan mit goldenem Rand, und auf den Tellern allerhand köstliches Backwerk, Brot und goldgelber Honig. Ludwig setzte sich an den Tisch; sofort traten die beiden Damen ein, verneigten sich und setzten sich zu ihm. Er bemerkte, dass sie fast nichts zu sich nahmen. Sie schienen sehr traurig zu sein und seufzten oft tief auf.

Jetzt kommt der schwerste Augenblick, sprach Ludwig nun zu sich, jetzt muss ich hinaus; der Drache wird kommen, um mich zu zerreissen. Zugleich fiel ihm aber der Rat des roten Mannes ein, und so ging er guten Mutes in den Gar-

*Dieser Rosenstock ist keine
gewöhnliche Pflanze:
Er sagt nämlich gute
und böse Tage voraus.*

ten. Wie der rote Mann ihm gesagt hatte, war rechts vom Garten eine Stelle, an der die Erde aufgewühlt war. Ludwig zog nun die Rolle aus der Tasche, die ihm jener gegeben hatte; sie wurde immer länger und immer schwerer, aber Ludwig nahm alle Kraft zusammen und schlug mit dem Stock, der aus der Rolle entstanden war, dreimal auf die umgegrabene Erde neben dem Garten, der Stock brach, und Ludwig floh eiligst gegen das Haus. Denn in diesem Augenblick zitterte und bebte die Ede von einem entsetzlichen Donnerschlag, und eine dicke, gelbe Rauchwolke verpestete die Luft. Nach einer Weile wagte Ludwig näher zu gehen, und was sah er da? Der Drache, der unter diesem Beete hauste, war durch die Schläge mit dem Zauberstab in tausend Stücke zersprengt!

Voller Freude wollte Ludwig in's Haus eilen, da legten sich ihm zwei Arme um den Hals, und eine weibliche Stimme rief: «Ludwig, Ludwig, lieber Bruder, kennst du mich nicht? Ich bin deine Schwester Luise – was machen unsere Eltern? Leben sie noch?»

Da jauchzte Ludwig hell auf und rief: «Ja, sie leben, sie sind gesund und munter. Heute noch werden wir sie sehen; das wird eine Freude sein, wenn wir heute abend heimkommen!» Unter Freudentränen umarmten sich die Geschwister, und bald kam auch die Tochter der Nachbarin, Marie, herzu, die vor drei Jahren im Schwarzen Wald Preiselbeeren gepflückt hatte und nicht mehr zurückgekehrt war. Auch die Knechte und Mägde des Drachen liefen herzu; alle waren sie durch den Zauber stumm geworden, aber jetzt konnten sie wieder reden. Sie dankten ihrem Retter von ganzem Herzen. Nun sprach aber Ludwig zu Luise und Marie: «Geht und macht euch fertig, denn wir fahren sofort ab!» Als sie das hörten, gerieten sie fast ausser sich vor Jubel, und im Nu waren sie bereit. Der Knecht spannte den Schimmel ein, und sie wollten gerade abfahren, da hörten sie einen fröhlichen Jauchzer, und auf das Haus zu kam ein stattlicher Jüngling, wie ein Jäger gekleidet. Das war Matthias Silvester, der nun auch vom Zauber befreit war. Sie luden ihn ein aufzusteigen, und so fuhren sie singend und jubelnd ab. –

Das war eine Freude, als sie am gleichen Abend noch heimkamen! Leid und Sorgen waren vorbei, und die Wonne des Wiedersehens liess allen Kummer vergessen. Schon am folgenden Tage ging Ludwig mit seinem Vater in den nunmehr entzauberten Schwarzen Wald. Mit freudigem Staunen betrachtete der Vater das herrliche Haus, das jetzt ihnen gehörte. Bald darauf war drinnen ein grosses Fest. Alle freuten sich, dass der böse Drache tot war; die Musikanten spielten auf, alt und jung tanzte und sprang, der Jubel dauerte bis zum frühen Morgen, und ich glaube fast, sie sind heute noch dort.

Dann öffnet sich ein Tal, du siehst vor dir eine schöne grüne Ebene und in der Mitte ein grosses Haus.

Der weissagende Trentapes

Einst lebte im Tal von Brusio zwischen dem Puschlaversee und der alten Grenzfestung Plattamala eine wohlhabende Witwe mit ihrer einzigen Tochter.

Ihr Mann war vor Jahren von einem Stein erschlagen worden. Der hatte ihr ein schönes Haus, Kastanienwälder, Wiesland und fruchtbare Äcker hinterlassen, die im Herbst manchen blanken Taler einbrachten.

Einst bereiteten Mutter und Tochter, der Sitte des Tales folgend, den Backtag vor, an dem das Brot für ein halbes Jahr gebacken werden sollte. Der folgende Tag war schwül, und die sonst weisse Bernina war in einen schwarzen Mantel gehüllt. Immer dunkler wurde der Tag.

«Gott sei uns gnädig», sagte die Mutter und erinnerte sich an das Wort ihrer Grossmutter, im August sei es nicht genug, sich nur einmal der Gnade des Herrn zu empfehlen. Sie hatte den Gedanken noch nicht zu Ende gedacht, als ein kleiner Zaunkönig, für diese Tageszeit ungewohnt, aufgeregt seine Stimme erhob. Hier nannte man den kleinen Zaunkönig, der kaum drei Quentchen wiegt, «Trentapes», das heisst «Dreihundertpfünder».

«Da haben wir den Unglückspropheten», sagte die Mutter.

Doch die Tochter versuchte, sie zu beruhigen. Aber die Mutter sagte:

«Dieses Mal waren es so klagende Töne wie damals vor dem Unglückstag, als mein Mann von einem Stein getötet wurde.»

Unterdessen war der Ofen heiss geworden, und das Brot musste eingeschoben werden.

«Wir haben übel daran getan, an einem Freitag ein so wichtiges Geschäft wie das Brotbacken vorzunehmen», sagte die Mutter. «Dieser Freitag gehört zu den siebenundzwanzig Unglückstagen des Jahres.»

Plötzlich erzitterte das Haus unter einem gewaltigen Donnerschlag. Der Himmel öffnete seine Schleusen. Es wurde stockdunkel, und bei der Schlucht oben, wo der gewinnsüchtige Priester vor Jahren den schützenden Wald abgeholzt hatte, brach eine mächtige Rüfe los.

Als nach einer langen Nacht endlich der Morgen graute, sah die Witwe hinaus. Schlamm, Steine, entwurzelte und zersplitterte Bäume lagen in schauerlichem Chaos rings um das Haus angehäuft, bis fast zu den Stubenfenstern. Die reiche Witwe, nach deren einziger Tochter fast alle Burschen der Gemeinde schielten, war über Nacht arm geworden. In diesem Augenblick fing der Trentapes vor dem Haus zu singen an, und es klang wie Dank für die wunderbare Rettung.

*Schlamm, Steine, entwurzelte und zersplitterte Bäume
lagen in schauerlichem Chaos rings um das Haus angehäuft.*

Die weisse Kunst

Im Münstertale waren die Leute im besten Heuen. Weit und breit war kein Wölklein zu sehen, das Regen bedeutet hätte, und mit Eifer wurde das prächtige Wetter benutzt. Schon lag das Heu in Haufen zum Aufladen bereit. Da kam auf einmal eine schneeweisse Wolke dahergefahren, liess sich über dem Heu zu Boden, und aus der Wolke entstand ein Wirbelwind, der das Heu in alle Gegenden weit umher zerstreute.

Die guten Leute konnten sich das nicht erklären, bis ein Tiroler, der beim Bauern, welchem das Heu gehörte, im Sommerdienst stand und um dergleichen Ereignisse wusste, ausrief: «Die sollen nochmal kimme!»

Den ganzen Nachmittag hatte man nun zu tun, das verzettelte Heu wieder in Haufen zu bringen: aber kaum waren die Heuer damit fertig, kam die weisse Wolke zum andern Male und liess sich auf das Heu nieder; da nahm der Tiroler seinen «Schnätz» aus dem Seitentäschlein und warf ihn kunstgerecht, grad, wie er ein «Passauer» wäre, in die Wolke, die auf dieses hin rasch sich hob und das Heu fürder in Ruhe liess.

Als nun der Tiroler seine Dienstzeit um hatte, zog er das Engadin hinauf und kam eines Tages zu einem Manne im Oberengadin. Den fragte er um Arbeit und trat in dessen Haus. In der Stube gewahrte er in der Diele seinen «Schnätz» stecken. Da dachte er: «Du schweigst, aber Fragen ist erlaubt.»

Im Gespräch kam er auf den Schnätz, der dort in der Diele steckte. «Der ist meiner Frau in den Leib geworfen worden von einem so verdammten Schwarzkünstler. Sie ist im Sommer ins Münstertal gegangen, um die 'weisse Kunst' zu lernen und kam heim und hatte den Schnätz im Leib. Aber der, welcher ihn sucht und ihn «heimschen» will, für den habe ich auch etwas», und zeigte dem Tiroler im Buffet eine geladene Pistole. «Es ist gut, dass er nicht Euch gehört.»

Der Tiroler liess auf diese Erklärung hin Schnätz Schnätz sein.

*Da kam auf einmal
eine schneeweisse Wolke
dahergefahren und liess sich
über dem Heu zu Boden.*

Quellenverzeichnis

Die weisse Katze (Surselva)
UFFER LEZA (Hg.): *Rätoromanische Märchen*, München, Diederichs, 1990

Die Adlerbraut (Bündner Oberland)
DECURTINS CASPAR: *Märchen aus dem Bündner Oberlande*, im Anhang in Jecklin Dietrich, Volksthümliches aus Graubünden, Zürich, Orell Füssli, 1874

Die Gemskäslein (Safiental)
JECKLIN DIETRICH: *Volksthümliches aus Graubünden*, Zürich, Orell Füssli, 1874

Die Kerze (Vorderrheintal)
UFFER LEZA (Hg.): *Rätoromanische Märchen*, München, Diederichs, 1990

Die drei Winde (Bündner Oberland)
BUNDI GIAN: *Märchen aus dem Bündnerland*, Basel, Helbing und Lichtenhahn, 1935

Die Kirche im Gletscher (Lugnez)
Il Glogn, Calender dil pievel, Ilanz, 1941 (Übersetzung Robert Solèr)

Wie Vals und die Valser nebst den Lugnezern erschaffen worden sind (Valsertal)
Die Schweiz in ihren Märchen und Sennengeschichten, Hg. WALDMANN RICHARD, Köln, Diederichs, 1983

Der Diener und der Zauberer (Surselva)
UFFER LEZA (Hg.): *Rätoromanische Märchen*, München, Diederichs, 1990

Das Nachtvolk auf Obersaxen (Vorderrheintal)
JECKLIN DIETRICH: *Volksthümliches aus Graubünden*, Zürich, Orell Füssli, 1874

Der dankbare Frosch (Surselva)
UFFER LEZA (Hg.): *Rätoromanische Märchen*, München, Diederichs, 1990

Der Mann und die Frau, die es auf Scharinas schneien liessen (Bündner Oberland)
Rätoromanische Chrestomathie, Hg. DECURTINS CASPAR, II. Band, Erlangen, Verlag von Fr. Junge, 1901 (Übersetzung Robert Solèr)

Das Messer im Bein (Surselva)
Sagen der Schweiz/Graubünden, Hg. KECKEIS PETER, Zürich, Ex Libris, 1986

Vom Vogel, der die Wahrheit sagt (Bündner Oberland)
BUNDI GIAN: *Märchen aus dem Bündnerland*, Basel, Helbing und Lichtenhahn, 1935

Der Teufelsstein (Lugnez)
Annalas da la Società Retorumantscha, Annada LII, 1938 (Übersetzung Robert Solèr)

Der verwunschene Prinz (Bündner Oberland)
BUNDI GIAN: *Märchen aus dem Bündnerland*, Basel, Helbing und Lichtenhahn, 1935

Der Schäfer von Ranasca und die verkleidete Schäferin (Bündner Oberland)
Il Glogn, Calender dil pievel, Ilanz, 1941 (Übersetzung Robert Solèr)

Der Mann von Salischina (Lugnez)
EGLOFF PETER (Hg.): *Die Kirche im Gletscher, Rätoromanische Sagen aus der Surselva*, Zürich, Tanner und Stähelin, 1982

Das Bergmännlein (Churer Rheintal)
JECKLIN DIETRICH, Volksthümliches aus Graubünden, Chur, von Sprecher und Plattner, 1878

Das unheimliche Fänggenweibchen (Schanfigg)
LUCK GEORG: *Rätische Alpensagen*, Chur, Verlag Bischofberger AG, 3. Auflage 1990 (Neudruck der 1. Auflage von 1902)

Das Ungeheuer im Lüscher-See (Heinzenberg)
JECKLIN DIETRICH: *Volksthümliches aus Graubünden*, Zürich, Orell Füssli, 1874

Die Geschichte von den drei Hunden (Oberhalbstein)
UFFER LEZA: *Rätoromanische Märchen und ihre Erzähler*, Basel, Schweizerische Gesellschaft für Volkskunde, G. Krebs, Verlagsbuchhandlung AG, 1945

Der Herr und die Knechte (Albulatal)
UFFER LEZA: *Rätoromanische Märchen und ihre Erzähler*, Basel, Schweizerische Gesellschaft für Volkskunde, G. Krebs, Verlagsbuchhandlung AG, 1945

Die Schanänn-Jungfrau (Prättigau)
JECKLIN DIETRICH, *Volksthümliches aus Graubünden*, Zürich, Orell Füssli, 1874

Tredeschin (Engadin)
BUNDI GIAN: *Engadiner Märchen*, zweite Folge, Zürich, Polygraphisches Institut AG., o.J., (1902)

Übelbelohnte Dienstfertigkeit (Engadin)
JECKLICH DIETRICH: *Volksthümliches aus Graubünden*, Zürich, Orell Füssli, 1874

Der Drache im Schwarzen Walde (Engadin)
BUNDI GIAN, *Engadiner Märchen*, zweite Folge, Zürich, Polygraphisches Institut AG, o.J., (1902)

Der weissagende Trentapes (Puschlav)
Sagen der Schweiz/Graubünden, Hg. KECKEIS PETER, Zürich, Ex Libris, 1986

Die weisse Kunst (Münstertal)
JECKLIN DIETRICH, *Volksthümliches aus Graubünden*, Zürich, Orell Füssli, 1874

Wie die Dialen aus dem Münstertale verschwunden sind (Münstertal)
LUCK GEORG, *Rätische Alpensagen*, Chur, Verlag Bischofberger AG, 3. Auflage, 1990 (Neudruck der 1. Auflage von 1902)

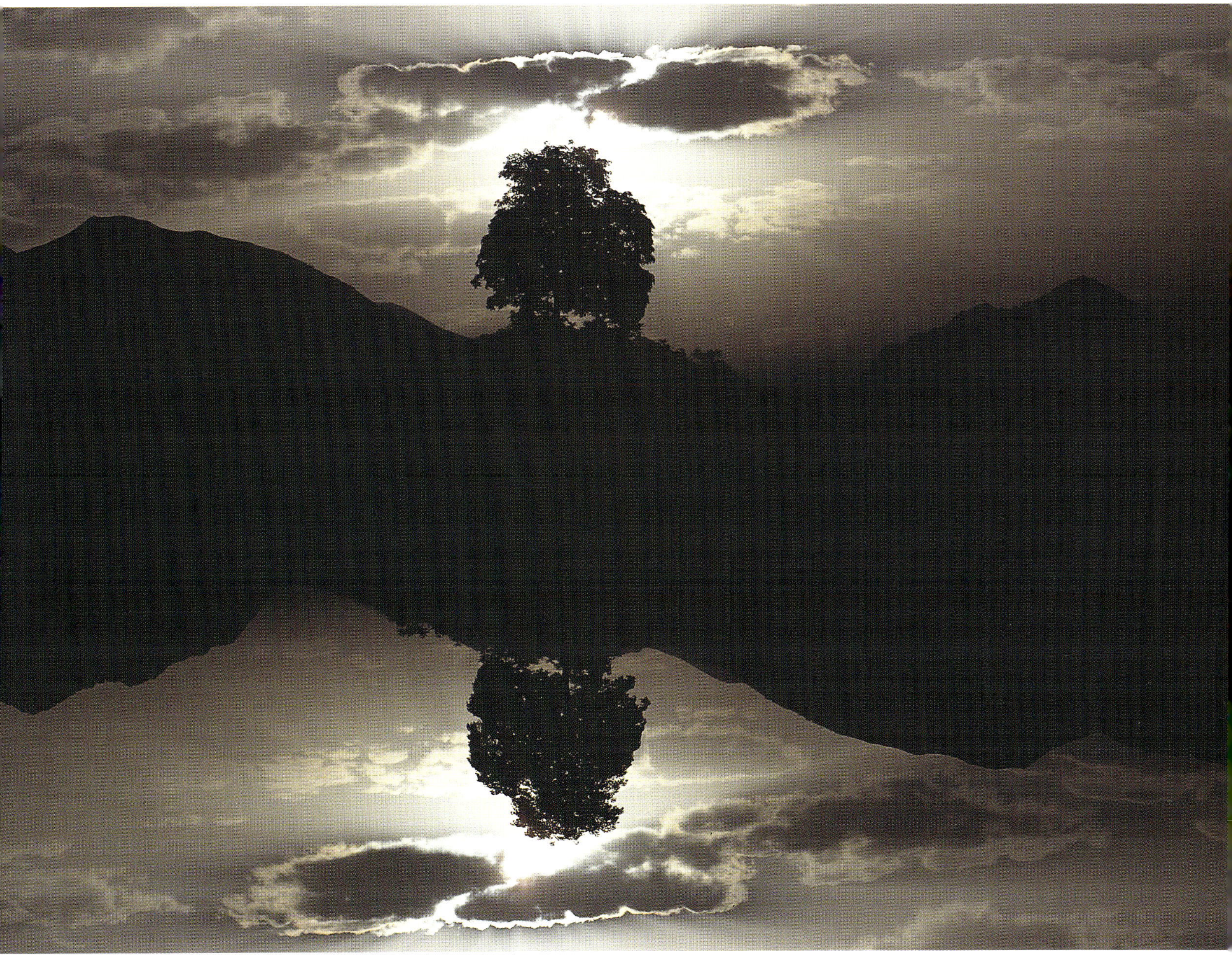

Bildbeschrieb

Himmel über der Kiesgrube in Untervaz.
Dieser Baum musste schon längst der Abtragung des Berges weichen.

Luftaufnahme eines Seitentales der Greinahochebene im Gegenlicht.

Piora im Tessin. Die Nebelwand löst den Berg auf.

Wassertropfen auf einem Schilfblatt.
Das Gegenlicht arbeitet die Tropfen plastisch aus.

Vorwort

Feierabend vor dem Rösthaus in Soglio.

Obermutten, eine auf einer Hochterrasse gelegene Walsersiedlung.

Wolkenwand über dem Piz del Uomo

Die weisse Katze

Die blinde Katze des Älplers auf der Alp Mer oberhalb Panix mit Schattenschmuck.

Bildcomposing. Baum bei St. Peter, Gewitter im Domleschg.

Macroaufnahme eines Eisblattes.

Blick von der Pagiger Bleis gegen die Oberländer Berge.

Am Fusse des Piz Beverin bei Masügg empfangen den Jäger die ersten wärmenden Sonnenstrahlen.

Die Adlerbraut

Wie mumifiziert wirkt dieser Felsbrocken in der Gischt des Bergbaches bei Marmorera.

Himmelblick durch Fragmente der Burgruine Belfort in der Nähe bei Brienz.

Kleine Insel im Silsersee.

Das Gemskäslein

Eine Wolke streichelt eine Bergflanke bei Piora im Tessin.

Käsender Senn in Hinterrhein.

Die Kerze

Kerzen in der Grotte hinter dem Altersheim Bodmer in Chur.

Heller Sonneneinfall belebt die Mäiensässhütten bei Rossa.

Buchenwald bei Fläsch. Kombination einer scharfen und einer unscharfen Belichtung.

Die drei Winde

Durch den Lichteinfall scheinen die bizzaren Felsen wie zum Leben erweckt.

Wie zu einem blasenden Gesicht erstarrt scheint der Wasserfall bei Buffalora im Misox.

Morgensonne über der noch im Schatten liegenden Schwemmlandschaft des Julierpasses.

Dominant zeigt der Föhn sein Gesicht oberhalb von Trin beim Crap Matz.

Die Kirche im Gletscher

Die Spitze des Piz Terri wirft einen geheimnisvollen Schatten in den mit Eisschollen durchsetzten spiegelglatten See des Terrigletschers.

Wie Vals und die Valser nebst den Lugnezern erschaffen worden sind

Goldene Lichtreflexe in einer nassen Felswand bei Avers-Madris.

Am Ufer der Mesolcina gefunden: ein Wesen, unvollendet und zu Stein erstarrt.

Der Diener und der Zauberer

Blick von der Waldlichtung Tuora in die Tiefe der Rheinschlucht.

Nicht wenig stolz präsentiert sich diese Taube.

Stilleben mit Glockenriemen an einer Stallwand in Reischen.

Schlossähnliche Türme, umspielt vom Lichteinfall in der Rheinschlucht bei Versam.

Das Nachtvolk auf Obersaxen

Ein alter Volksbrauch: Scheibenschlagen in Untervaz.

Der dankbare Frosch

Luftaufnahme von Sagogn.

Zauberhafte Spiegelung im Crestasee bei Trin-Mulin.

Gespenstige Witterung umgibt das Schloss Ortenstein im Domleschg.

Portrait eines Grasfrosches oder gar eines verwunschenen Märchenprinzen?

Der Mann und die Frau, die es auf Scharinas schneien liessen

Laubbäume im frostigen Winterkleid.

Wie mit Puderzucker bestäubt präsentieren sich Bäume und Wiese bei St. Peter im Schanfigg.

Das Messer im Bein

Auf dem Weg zum Crap Matz bei Trin kommt man an dieser Alphütte vorbei.

Kuhhirt auf der Alp Lumbegn.

Vom Vogel, der die Wahrheit sagt

Waldidylle oberhalb Salouf.

Noch dreht sich das Wasserrad der Mühle von Masein.

Märchenhaft beleuchtete Föhre in der Ruinaulta.

In einem Wassertümpel spiegelt sich das Schloss Rietberg im Domleschg.

Der Teufelsstein

Eingangs der Viamala bei Zillis umspült der Hinterrhein mächtige Steinblöcke im Flussbett.

Wie das Antlitz des Teufels wirkt dieser Steinblock am Ufer der Mesolcina.

Der verwunschene Prinz

Winterliche Stille umgibt den morgendlichen Ausritt auf der Ebene bei Trin-Mulin.

Wohin führt wohl diese eingewachsene Steintreppe im Bergell?

Einer Wasserschlange gleicht dieses Steingebilde am Caumasee bei Flims.

Der Schäfer von Ranasca und die verkleidete Schäferin

Wie versteinerte Schafe wirkt dieses Karrenfeld auf dem Panixerpass.

In dicke Wolle eingebettetes Schafglöcklein.

Der Mann von Salischina

Luftaufnahme auf Maiensäss im Valsertal.

In der Hütte auf der Alp Mer unterhalb des Panixerpasses.

Das Bergmännlein

Sonnenaufgang über dem Prättigau vom Calanda aus gesehen.

Schindelhütte auf Bargis oberhalb Flims.

Ausblick vom Vilan auf die vom Nebel und Dunst freigelegten Umrisse der Bergketten.

Das unheimliche Fänggenweibchen

Verschneite Wälder an den Berghängen am Hochwang.

Wie ein um sich greifendes Fänggenweibchen.

Das Ungeheuer im Lüschersee

Der Pascuminersee am Heinzenberg.

Hier kontrollierte einst der Raubritter von Hohenrätien das Domleschg.

Wie die Dialen aus dem Münstertale verschwunden sind

Stimmungsvoll erscheint der Vollmond über dem Schanfigg.

Die Geschichte von den drei Hunden

Kuhhandel am Viehmarkt in Cazis.

Bauer mit seinem treuen Weggefährten.

Der Nebel schleicht durch den Wald bei Untervaz.

Begegnung mit dem Alphirten am Vilan.

Markant wirkt die Schlossanlage bei Tarasp.

Der Herr und die Knechte

Menhire auf der Julierpasshöhe.

Filigran wirkt das Schilf im Crestasee.

Weidende Schafherde am Heinzenberg.

Spritzende Gischt begleitet das stürzende Nass des tosenden Wasserfalls in Davos Sertig.

Die Schanänn-Jungfrau

Imposantes Wolkenspiel am Bündnerhimmel.

Wie das Schlossgespenst erscheint keck ein Wölklein über der Zinne der Ruine Belfort.

Tredeschin

Bildkombination eines Mohnfeldes auf Elba und der Silhouette einer Kirche in der Camargue.

Gekleidet wie im Mittelalter.

Lehmhütte in Ste. Marie de la Mer.

Schimmel in den Weiten der Camargue.

Kuhglocke einmal aus der Nähe betrachtet.

Goldstücken gleich erscheinen die gelben Butterblumen.

Eisgebilde wie ein Seepferdchen.

Übelbelohnte Dienstfertigkeit

Wiesenterrassen bei Riom im Oberhalbstein.

Fleissige Diale: Bergellerin, eingehüllt in Laubfeuerrauch.

Der Drache im Schwarzen Walde

Gespenstig wirken die mächtigen Buchenstämme.

Der Lai Dossa bei San Bernardino.

Alpenrosen am Ufer des Lai da Viola im Val Camp.

Doppelbelichtung eines zerzausten Baumes und einer Waldlichtung bei Reichenau.

Trockenrosen. Diese sollen gute und schlechte Tage voraussagen.

Luftaufnahme über Getreidefelder bei Sagogn.

Mit ihrem Wurzelwerk klammert sich diese Arve am kargen Boden fest.

Der weissagende Trentapes

Ein Unwetter hinterliess am Rheinufer bei Versam dieses filigrane Kunstwerk.

Die weisse Kunst

Gigantische Wolkenwand bei Müstair.

Am Viehmarkt in Thusis.

Das Ergebnis einer experimentellen Doppelbelichtung: Laubbaum bei St. Peter.

Gigantischer Stein im Flussbett des Hinterrheins.

Landschaftsaufnahme im Lugnez.

© 1998 Terra Grischuna Verlag
Chur und Bottmingen/Basel
Alle Rechte vorbehalten
Gestaltung und Druckvorstufe: Marius Hublard, Ilanz
Fotos: Romano Pedetti, Rothenbrunnen
Lithos: Nievergelt Polycom, Zürich
Druck: Gasser Print AG, Chur
Buchbinder: Buchbinderei Burkhardt AG, Mönchaltorf
Printed in Switzerland
ISBN 3 7298 1116 9

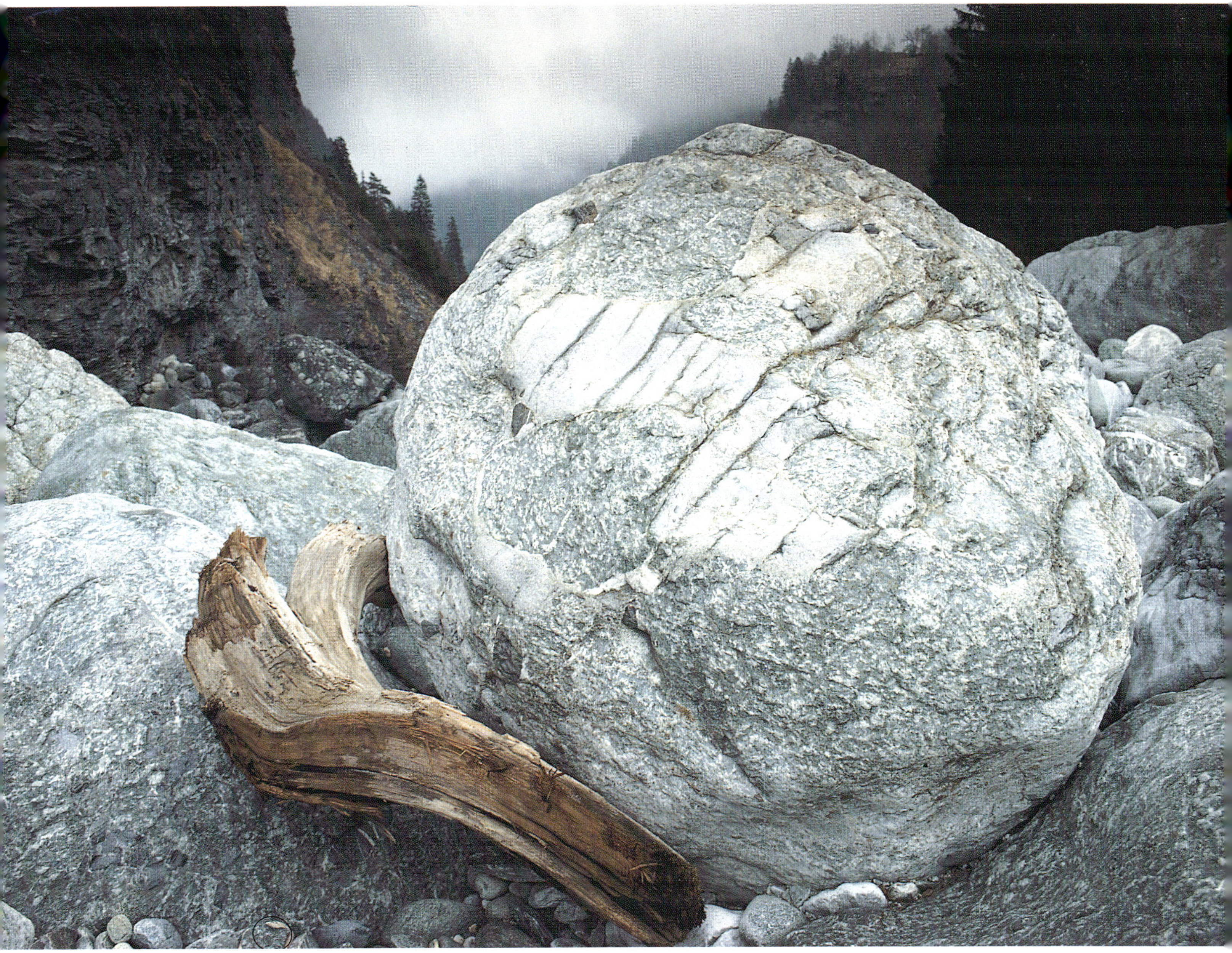

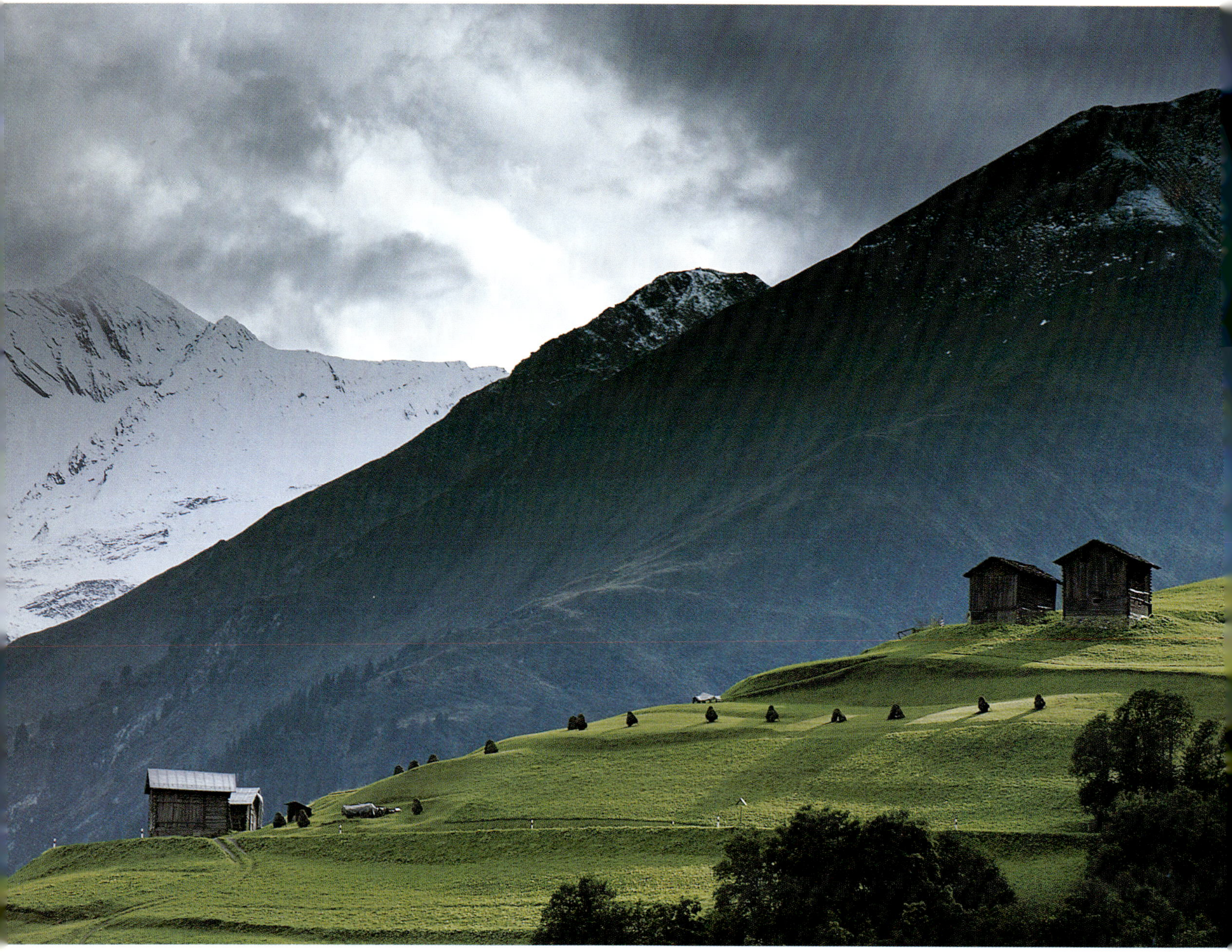